海峡两岸武术家访谈录

（一）

北京武术院　编

北京体育大学出版社

策划编辑：力　歌
责任编辑：张　力
审稿编辑：苏丽敏
责任校对：董晓月　赵　爽

图书在版编目（CIP）数据

海峡两岸武术家访谈录（一）/北京武术院编.--北京：北京体育大学出版社，2017.9
ISBN 978-7-5644-2750-4

Ⅰ．①海… Ⅱ．①北… Ⅲ．①海峡两岸－武术家－访问记 Ⅳ．①K825.47

中国版本图书馆CIP数据核字（2017）第240047号

海峡两岸武术家访谈录（一）　　北京武术院　编

出　　版　北京体育大学出版社
地　　址　北京海淀区信息路 48 号
邮　　编　100084
邮 购 部　北京体育大学出版社读者服务部 010-62989432
发 行 部　010-62989320
网　　址　http://cbs.bsu.edu.cn
印　　刷　北京富泰印刷有限责任公司
开　　本　787×1092 毫米　1/16
印　　张　13.5
字　　数　255 千字

2017年11月第1版第1次印刷　　3500册
定价：38.00元

《海峡两岸武术家访谈录（一）》系列丛书

编委会名单

武术因传承而发展，因弘扬而光大

中华传统武术伴随着中华民族历史与文明发展，走过了几千年的风雨历程，是维系中华民族生存与发展的魂，是实现中华民族伟大复兴的强大动力。挖掘、保护、传承好中华武术文化精髓，是两岸中华儿女的共同心愿和历史责任。

2016年以来，我们遴选了京台两地50多名武术“传奇人物”，经过反复斟酌，选择出不同领域、不同行业22位热爱武术、钻研武术、传承武术的知名武术家，组织编辑团队从不同侧面、不同角度进行专题采访，编辑整理了《海峡两岸武术家访谈录(一)》。这本书集中表达了武术家们穿越时空的人生心路历程，生动反映了他们为弘扬中华武术文化作出的突出成绩。他们当中有传统武术传人，有竞技武术领军人，有武术文化交流使者，也有桃李满天下的武术伯乐和享誉国际的武术大师，在一定层面上见证了武术文化历史中逝者如水，史见若山；温故如水，知新若山的发展脉络。他们的人生轨迹，演绎出中华民族优秀传统文化特殊的世界观、价值观，具有较强的传承意义。

我们呈现书中21篇稿件，以飨读者的同时，热切期望以这本书为载体，与海峡两岸社会各界仁人志士以及从事武术事业的朋友们进行交流和探讨。

杨灿滨

序

中华武术，上武得道，平天下；中武入喆，安身心；下武精技，防侵害。中华武术，渊远流长，传承迄今可考证史实有 4200 年的中华文明史，文武相承相传。武术在中国几千年绵延的历史中，一向崇尚礼仪，讲道德，崇德尚武。近代中国人每当谈及中华武术，往往十分重视当中的哲学精神。

中华武术是中国传统文化的重要一环，被视为中华文化之精粹。由于历史发展和地域分布关系，衍生出不同门派。中华武术往往带有思想冶炼的文化特征及人文哲学的特色、意义，对现今中国的大众文化有着深远影响。年代久远的中华武术至今仍然璀璨盛行，长盛不衰，这其中秘密在哪里呢？这套武术文化丛书的诞生将有助于人们从她的源头找寻。

一直为中华民族兴亡而奔波的革命先行者孙中山先生说，习武是“卫国、自卫”，倡导呼吁大家习武强身，保家卫国。孙中山先生不仅对武术振兴中华之价值给予了充分肯定，而且还对武术情有独钟、身体力行，为武术的发展做出了极大的贡献。

本书对武术文化的本质和学习的方法，如拳术的选择与使用，招式的选择与特点，用拳的标准及展现的方式等问题，作了精辟的阐述。其语言简练，文辞优美，耐人寻味，真不愧是武术专家手笔。文中两岸武术家的论述明确地提出了形神兼备、神采为上的创作与鉴赏的原则，揭示了武术文化最根本的追求目标，并强调武术家应做到心、手相映，才能达到武学的最高境界，自然地表达其情感。

说武比习武还难，因为要把看不见的地方说出来。说武，让拳人与拳人之间有了交流与传承；说武，让不会打拳的人也可以活出武术家的精彩人生。

此书的出版，是集结两岸22位武术老师对自家拳学修练多年来所记录的武术论述，汇整成书，所有的论述都是自身的练拳心路历程，并且围绕着拳经、拳论、行功心解而叙述的。有高龄九十“武林一枝笔”之称号的武式太极传人吴文翰老师，有名不虚传“虎头少保、天下第一手”美称的孙式太极拳传人孙婉容老师，“太极人生”吴式太极拳传人李秉慈老师，八卦掌传人刘敬儒老师，金牌教练吴彬老师，著名太极拳武术家李德印老师，东岳太极创始人门惠丰、阚桂香伉俪，八极拳老师王世泉，武术家夏伯华教授，宝岛太极先贤鞠鸿宾老师，“一棍一拳连海峡”称号的台湾武术家唐克杰老师，郑子太极拳传人徐忆中老师，八卦太极拳老师赵福林，八极拳名家蒋志太老师，九九太极拳传人黄裕盛老师，中华武术推广者徐纪老师，南拳“福师”传人苏金淼老师，杨式太极拳传人邓时海老师，洪拳撒播者尤少岚老师，一代宗师张克治老师等。

北京市体育局、北京市台湾事务办公室以及北京武术院、北京海峡两岸民间交流促进会，全力推动两岸武术交流促成丛书诞生，我们相信，《海峡两岸武术家访谈录（一）》——这部集两岸百家之长、融汇古今的武学指南的问世，必将在启迪武学思维，传承传统文化，促进全民运动等方面发挥正能量，是一种宝贵的探索，为中华民族文化复兴做出新时代贡献！

中华全球洪门联盟总会长 劉會進 博士

2017.07.28 于高雄市

目　录

北京武术家访谈录

台湾武术家访谈录

北京武术家访谈录

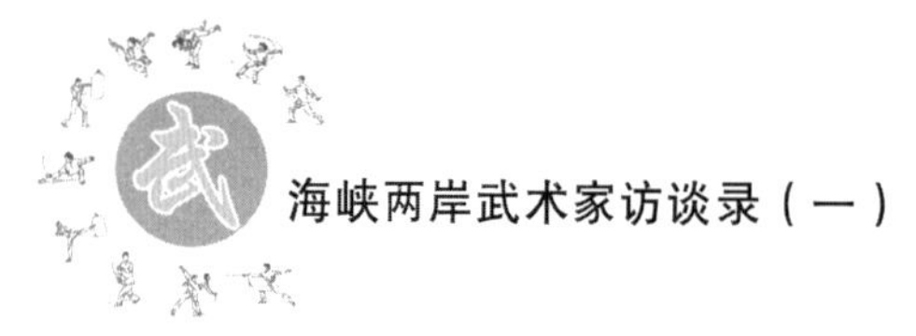

东岳之巅有太极

——东岳太极拳创始人门惠丰及夫人阚桂香

◎ 张国领　马子慧

尽管早有思想准备，可当我们在毗邻北京北五环的北京体育大学家属区一处普通的宿室里，见到武术伉俪门惠丰和阚桂香两位大师时，还是被他们的热情、爽朗、豪气和侠义深深地感染了。已是 80 岁高龄的他们，言谈举止都透着对生活的热爱、对武术的痴迷、对祖国的深情、对未来的希望。从家中随处摆放的十八般兵器可以看出，他们的人生是武术人生，武术在他们的生命中打下了无处不在的烙印。我想，他们如此精彩的人生，肯定是武术这块巨石，为他们碰撞出了希望之火；肯定是武术这团烈火，为他们点燃了希望之灯；肯定是武术这盏明灯，为他们照亮了人生之路；肯定是武术这条艰辛的道路，使他们走向今天的灿烂辉煌！钟爱武术，终身奉献，缘结武术，爱情久远。这对武术伉俪为中国武术毕其心血的同时，也为自己写下了照耀后人的精彩华章。

爱因武生　情塑武魂

80 年前出生于天津市静海县的门惠丰，现在身上的光环很多：中国武术协会副主席、中国武术十大名教授、中国武术九段、东岳太极拳创始人、北京国际商务学院体育系技术顾问兼名誉系主任、国际级武术裁判。曾担任中国武术学会委员、中国武术研究院专家委员会专家、北京体育大学武术系副主任，以及中央国家机关太极拳队总教练等职务。他说这些光环都是人们对中华武术文化的肯定，自己充其量就是个代言人。他从小就酷爱武术，曾在北京市四民武术社、艺林武术社等处习武，广拜名师。他最为擅长的有几个拳种：六合拳、少林拳、八极拳、戳脚、翻子拳、八卦掌、形意拳；同时，他对多种器械和对练套路以及太极拳的技术和理论层面都有自己的独特理解。

门老师开始记事的时候，天津正是武术的活跃地之一，这里有霍元甲的武林声誉，也充斥着白莲教、铁砂掌、义和团的“刀枪不入”及红灯照的传说。这些传奇故事伴随着门惠丰的童年，是他对武术产生兴趣的始源。在那个动荡的年代，怀着一颗自强为国的赤子之心，他渐渐开始接触武术。在这个过程中，门惠丰并不拘泥于一家招数，而是博采众长，多方位练习。这种习练方式让他打开了武术世界的百宝箱，从中吸取了更多的精华。

门惠丰的夫人阚桂香1940年出生于河南唐河，北京体育学院武术本科毕业。北京体育大学武术教研室教授、硕士研究生导师，兼任北京市武协委员、中国科学院武协、孙式太极拳研究会顾问、新疆太极拳协会高级技术顾问、中国武术九段。曾作为中国武术教练专家组成员应邀赴日本传授太极拳竞赛套路。应邀赴日本、澳大利亚、印尼、新加坡、瑞士、台湾等国家和地区进行交流、讲学及裁判工作。擅长陈式太极拳，受前辈田秀臣亲传，多年教学钻研，对陈式太极拳颇有造诣。著书有陈式太极拳、剑，42式太极拳、剑竞赛套路教与学等20余部。

在阚桂香的家乡河南的陈家沟，活跃着众多的太极拳练习者，此地的拳法被后世称为“陈氏太极拳”。阚桂香从小在耳濡目染的太极环境下长大，孩提时期已对武术有了向往之心。读

1980年美国以陈继光为团长一行五人向阚桂香教授学习陈式三十六式太极拳

书期间开始慢慢走上习武之路。

在结缘武术这件事情上，二老都是因为对武术有着浓厚的兴趣和深深的挚爱，从而开启了他们对武术的一生追求。也是两个人的共同爱好，才使得他们走到一起，携手几十年。但在这些成就的背后，除了兴趣，还有两位老师几十年如一日的刻苦练习和对武术的不断切磋追求。

从传统意义上讲，武术是讲究门派的。一般习武者都比较注重师承关系。但在门惠丰和阚桂香的习武过程中却走了截然相反的道路。他们两个人都是和不同门派的前辈们学习武术，融各家武术于一身，然后慢慢地锤炼，以达到自成一体的境界。门惠丰回忆过一段夫人练习太极拳的经历：当年阚桂香还在北京体育学院读书，为了能够更好地掌握陈氏太极拳的拳法，门惠丰直接让她到河南陈家沟学习太极拳，直到真正地掌握了太极拳的要领之后，才回到学校。

对于武术的传播，他们没有所谓的门派区分，仅仅是将自己一生追求的武术精要以授课的方式，传授给全国各地的学生们。日常生活中，二老也有互相切磋的过程，在这个过程中往往会有一些新颖创举，比如陈氏太极拳简化拳式。在以往的切磋过程中，两人发现陈氏太极拳中有好多的架势是重复的。于是，根据自己长时间的习练经验，他们将陈氏太极拳简化为三十六式，并且在北京的各大院校里面进行了广泛推广，这一举措获得了社会各界一致好评。随后，在全国迅速掀起了一场习练太极拳的热潮，各大院校纷纷取经和效仿。这在一定程度上推动了太极拳乃至武术的发展。

门惠丰与阚桂香夜以继日地创编太极拳、太极剑竞赛套路

除了在国内的发展外，武术在很早以前已经走出国门，走向世界。1972年中美还没有建交，除了乒乓球之外，另一

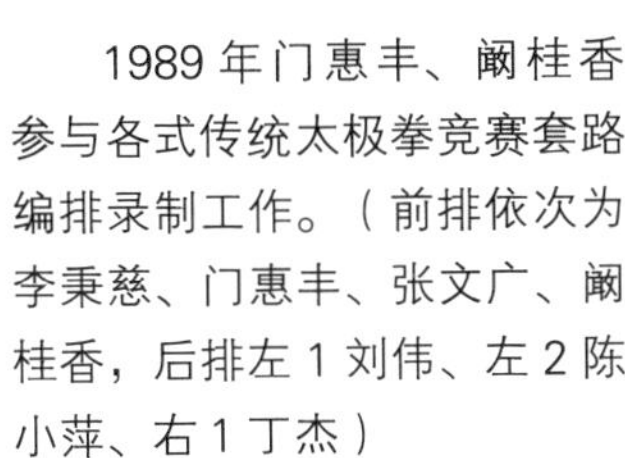

1989 年门惠丰、阚桂香参与各式传统太极拳竞赛套路编排录制工作。（前排依次为李秉慈、门惠丰、张文广、阚桂香，后排左 1 刘伟、左 2 陈小萍、右 1 丁杰）

种交流方式就是武术。当时很多外国人慕名来到中国学习武术，北京就成为他们的必选之地。从美国开始，欧洲及东亚日本的武术爱好者也相继来到中国学习。当时的北京体育大学承载着教授国际友人武术的使命，两位老师亲自现身施教，让更多的外国人通过了解中国的传统武术文化，进而了解中国。除此之外，在后来的几年里，门惠丰和阚桂香还多次出国，远赴日本、澳大利亚、印尼、新加坡、瑞士、台湾等国家和地区进行交流、讲学及裁判工作。他们尽自己最大的努力推动武术在全国和世界范围内的影响和知名度，用自己的方式传承着中华传统的武术文化。

认识到使命是有远见的，就是触到了生命底线，然后往回活，好好地珍视生命，热爱生活，通过习武，生出欢乐，生出美妙。除了身体力行，两位老师还多次录制视频、著书立说，以影视和文字的方式让更多的人接触武术，了解武术，推广武术。1992 年，门惠丰应《中华武术》杂志及中央电视台的邀请，通过电视媒体的形式将太极拳、太极剑系列知识，以电视的形式为大家呈现出一场场别开生面的讲座，向大众进行了武术普及宣传工作。同时，他还著有《少林武术教材》《中国武术》《戳脚》《48 式太极拳入门》等书籍；同时，还参加编写了《四式太极拳竞赛套路》《太极拳推手对练套路》普及型书籍。通过图文并茂的形式引起大众对中华武术的兴趣爱好，从理论的层面推进武术事业的发展。

1986 年，门惠丰教授赴云南老山对越反击战前线教擒拿，并与战士合影

人格的独立是一种摆脱市俗的勇气和坚信自我的执守，以闭关静修的耐力与毅力，坐看云起时。独立之精神，自由之思想；门惠丰与阚桂香相濡以沫几十年，伉俪情深，在教学的生涯中，相互学习与鼓励，对待学生慈爱但又不失严谨，让众多的习练者在这个过程中得到了真传。他们用自己的力量，努力汲取武家各派的精华，在几十年的时光中辛勤耕耘，为武术界培养了大批优秀学员。离你最近的地方，路途最远，最简单的音调，需要最艰苦的练习；气质，是一个人最好看的样子，夫妇俩的共同事业应了这句话：简单的日子有你，有我，有微笑，就是你我这一世的历史。“靡不有初，鲜克有终”就是中国文化以诗意的语言在向人们诉说：在生活中修行，在修行中生活。既要体会又要实践。时时觉照念念觉照。明净通透如同圆月，灵动洒落如同清泉。这就是生活武极的倡导。虽然老了，版图上的奋斗依然没有停止，他们都还没有放下一切抱负，一生如水，自己是自己的河床。上山时，他们心向往之；下山时，他们依然有着温良而清澈的容貌。如果天人真能合一，我定相信，这对伉俪愿用毕生换得真气，换得一副更好的情怀，徜徉山水间，仿佛这一生永远都过不完。

借武强体　武耀五洲

习练武术尤其是太极拳，不但可以让人心情平缓，而且还可以达到健身的功效。对于普通大众来讲，练习武术的最主要功能之一就是强身健体。自幼酷爱武术的门惠丰深谙此意，将这种观念带入课堂中，传授给他的学生们。门惠丰强调，武术尤其是太极拳的健身功效是由其运动特点决定的。无论是哪个门派的太极，在练习的过程中都讲究静，以静制动。动作要舒缓柔和，松紧适度，这样才能达到身形同修。太极的动作是一个圆周运动，连贯起来会与人体运动相契合，符合人的身心运动的特点。如果长期练习，可以达到身心双通、气血畅通的效果，血气畅通则百病不生，生理机能自然会旺盛。

从生理方面讲，习练太极拳可以改善人体神经系统、内脏器官、骨骼肌肉系统等方面的功能。习练太极拳要求人体身子正、全身要松弛，不要紧绷，内心要平静。正身是习练的第一要求，也是人体的基本状态。只有先身正，才能保持人体脊柱、骨骼、胸腔及腰椎等各方面处于适度状态，习练起来才能达到气血畅通无阻的效果。长期坚持，人体的各种病变都会提前得到调理，不会出现严重的生理健康问题。让人体在运动中得到恰当的调理，神经兴奋，就能够起到健身强体的功效。

从心理层面讲，心理健康能够促进人的生理健康，使得人的生理机能正常运转。所以人要修养道德、在心态方面做到平衡。如今的社会生活节

1997 年 2 月门惠丰、阚桂香赴台讲学，图为机场大厅受到欢迎的场面

奏紧张，容易造成人精神紧张。如果这种情绪得不到调节，人必然会处于疲惫的亚健康状态。长期不间断地习练太极拳，则会从心理方面对人体的精神进行调节，使人的精神能够得到及时舒缓，以助于人们恢复精力。太极拳的习练过程，其实就是道德的修养过程，是讲求心静、意专，这样有助于对自己的意念进行调节，达到修身养性的效果。

所以，对于一个人的健康来讲，身心健康缺二不一。两者是相辅相成、相互促进的关系。健康的身体会形成良好的心态，而良好的心态也会促进身体的健康。太极拳既锻炼身体，又调整心态，从中医的角度来看，也就达到了阴阳平衡的目的，从而促进人体内部血液流通，避免人体机能发生病变，人体能够健康长寿。

阚桂香擅长教授学生的是三十六式陈式太极拳和太极剑。她在教授学生的过程中，总能理论结合实际，让自己的学生在第一时间抓住其要领，及时掌握这两门技术。陈氏太极拳动作往复缠绕、刚柔相济，快慢相间，动作舒缓。这些特点都使得陈氏拳法在众多流派中独树一帜，深受广大社会太极拳习练者喜爱。三十六式拳法也是阚老师和门老师在习练的过程中发现陈氏太极拳有很多重复动作，在传统陈式大架第一路拳法的基础上反复推敲而创编出来的简化套路。这种套路在设计方面考虑了社会大多数习练者的习练习惯，设计合理，结构连环紧凑，自成一体，内容更加充实。除了保持传统陈氏太极拳风格特点之外，还具有易学易懂、操作简单的特点，能够让初学者习练省时省力，快速进入习练状态。

1981 年美国以陈继光为团长的太极拳学习团向阚桂香学习陈式太极拳（前派左 2 阚桂香，前排右 1 陈继光，后排中冯志强）

阚桂香谈到这套拳法时分外兴奋，刚刚编

庆祝四民武术社复社活动代表发言

创时，她经常被邀请到各大学校及相关机构教授学生和社会太极拳爱好者。如今都已经很多年过去了，她还能如数家珍地说出当时教授的内容：陈式太极拳三十六式分解动作、完整示范动作以及一些基础的理论知识等。在她教学的过程中，她时常采用分段教授、分动作讲解的科学方法，从最容易的简单动作开始，到复杂动作的展开，逐步深入地对三十六个动作逐一进行讲解和示范。那时候所有和她学习的人都纷纷模仿学习。当时习练这套拳法的太极拳爱好者以她的习练动作准确、架式规范为标本，从直观方面直接学习这套拳法也是一件幸事，通过科学的教学，使习练者很快地掌握正确的动作要领，来不断提高自己的技术水平。

除了三十六式陈式太极拳之外，三十六式太极剑也是陈氏太极拳的一个分支。它是在陈式太极拳基础上发展起来的器械项目，在习练的过程中，其动作具有陈式太极拳往复缠绕、刚柔相济等风格特点。陈式太极剑三十六式是在传统陈式太极剑五十八式基础上创编排简化套路，这套剑法不仅保持了传统陈式太极剑风格，而且技术特点突出，易学易练，其健身效果明显。在教授的过程中，阚老师同样采取分解教学的方法，在教授过程中进行完整的示范动作，最后再教授学员们剑的基础知识、礼节等。和太极拳的教授方法相同，采取分段教授、分动作讲解的方式，能够使习练者理论和实际相结合，令他们的动作准确、架式规范，快速进入习练的状态。

除了潜心研究武术、不断为武术界培养优秀武术学员之外，为了将武术在更广范围内推广，让更多的人了解武术的价值，门惠丰创编了东岳太极拳，后来又相继创编了东岳太极剑、刀、枪等技术体系。东岳太极拳技术体系的出现，促进了器械的改革，创制了“三节多功能枪”及技术体系，拓宽了武术器械及技术的发展，丰富了广大太极爱好者的锻炼内容。

新千禧年之际，在东岳泰山上出现了非常振奋人心的一幕，在泰山之顶的门惠丰身穿白色太极服，迎着 2000 年的第一缕阳光练起太极拳。豪情庄严，令人肃然起敬，中央电视台《东方时空》栏目播放了这一盛况，这也在全世界范围内引起了不小的轰动。当时在泰山之巅还有一段颇为震撼的讲话：“武术太极拳是伴随中华民族的繁衍而发生发展起来的，有几千年的历史，具有丰富的东方文化内涵。是强身健体的手段，也是中华民族的传统文化，代表着中国人的精神。进入 2000 年以后，中国太极拳必将在全世界发扬光大，为人类造福！”

这段讲话，留给大家的是深深的民族情怀，是渗透着门惠丰对中华武术的那份眷眷之情和深深的责任感。2003 年后，他又担任国际段位制的考评任务，并在首届郑州国际少林武术节、江西全国太极拳剑比赛、北京市国际武术邀请赛上任仲裁。受邀赴美、法、日、澳、韩等国讲学并从事武术研讨会活动。同时，门惠丰创立了北京市“东岳太极拳研究会”，亲任研究会会长一职，亲力亲为来推动武术的发展。

德行天下

皎皎昆仑，山顶月，有人长啸。看囊底，宝刀如雪，恩仇多少。双手裂开鼷鼠胆，寸金铸出民权脑。算此生，不负是男儿，头颅好。

荆轲墓，咸阳道。聂政死，尸骸暴。尽大江东去余情绕。魂魄化成精卫鸟，血华溅作红心草。看从今，一担好山河，英雄造。

——李叔同

左至右：门惠丰、阚桂香、本文作者张国领

风一吹就是一春，蔷薇的生命力很强，她可以攀缘在崖壁上，一团团，一簇簇，依偎着，搀扶着，拉扯着，竞相斗艳，慢慢地走慢慢地走，在时间的进程上伉俪的生命向一个希望追求。门惠丰和阚桂香风雨同舟几十年。都说“十年磨一剑”，二老则用了几十年的时间来磨这把岁月的剑。他们趣味相投，爱好和工作一致。两位老师德高望重，武技精湛。在武术界享有崇高声誉。两位老师习武一生，却毫无宗派门户之见。一生淡泊名利，为人淳厚朴实。虔诚的品德，强健的体魄，昂扬的形象，让他们成为当今武术界中德高望重的老前辈。他们的武功技艺，是后来者学习的武林宝库；两位老师的武德修养也是人们终生效仿的典范！

与梁派八卦掌相聚　本于缘增于分

◎ 吴云艳　刘雅慧

马传旭练功照

最小的院子也有树，使它们成为美景。身怀精华技艺的马传旭就是如画的风景，正值生命的秋天，收获的时节：秋水脉脉，那份份雅静；秋山朗润，那份娴静；秋风微寒，那份寂静；秋野金黄，那份恬静；秋日融融，那份柔静。

多少辛苦夜　学练内家掌

中华武术门类繁多。内家功夫最具代表性的太极拳、形意拳、八卦掌三大名拳中，八卦掌虽晚于太极拳200多年、形意拳100多年，（内家三拳的代表人物差不多在同一个年代，只是八卦掌略晚）然流传甚广、广为人爱，作为内家拳三大名拳之一，八卦掌也是道家养生、健身、防身阴阳掌的一个体现，是融养生和技击于一炉、涵养道德的拳术。

学武先做人，忠厚为根本。中华太极门，正气满乾坤。八卦掌又称游身八卦掌、八卦连环掌，是一种以掌法变换和行步走转为主的中国传统拳术。以沿圈走转和“趟泥步、剪子腿、稳如坐轿”，扣掰转换以及避正打斜等为运动形式，有别于其他拳术。并且在治病、内功、技击和涵养道德方面，有明显的效应。尤其在内功和涵养道德方面，表现更为突出。八卦掌有五大流派，马传旭传承的则是梁派八卦掌，为梁振甫所创。

马传旭，1934 年生于河北博野，家乡尚武，祖辈世代习武，幼年起便在父辈的严格督导下刻苦习练少林拳，少年时期便打下坚实武术功底，因此得到长辈们的赞许。17 岁只身来京，工作之余，仍然坚持练功，20 世纪 50 年代末，24 岁的马传旭正式拜在八卦掌名家李子鸣先生门下，自此，师徒二人便朝夕相伴，共武几十年。

李子鸣原名镛，又名直，字子鸣（1902—1993）。幼习燕青拳，十八岁拜八卦掌第二代名家梁振甫为师学八卦掌，能书善画，一生游历武林画苑，辗转辽、冀、京、津，后定居北京。李子鸣为梁式八卦掌发扬光大作出突出贡献，堪称一代宗师。他得到过张占魁、尚云祥、居庆元等名家点拨。在京与郭古民、李少庵、曾增启、刘志刚等交往密切，从中所学甚多，博采众长，为今日梁氏八卦掌技术体系的定型与完善作出了贡献。李子鸣一方面广收门徒传授技艺，同时前后编著出版、刻印了《董海川转掌》《梁振蒲八卦掌》《八卦掌悟通》《八卦掌珍秘录》等十多部专著、稿本。

马传旭内功展示

1981 年，成立了国内武术界第一个单一拳术研究会——北京市八卦掌研究会，并出任会长。先后主办会刊，开设八卦掌辅导站，增进了海内外同仁的交流，推动了八卦掌的广泛传播。生前被国内外 50 余家武术团体、馆社聘为顾问及名誉馆长，学生遍布各地。

师父领进门，修行在个人。特别是对练武的人来说，悟性和勤奋缺一不可。经过 6 年早晚无间的刻苦磨练，马传旭终于觅得八卦掌之门径。马传旭尊师重道，虚心好学，练功刻苦努力，恩师在欣喜之余，便经常带领先生拜访武林名宿，而获得许多老前辈的赏识和指导，如八卦掌第三代传人李子鸣先生的师兄郭古民先生、螳螂拳传人曲老先生、形意拳传人韩老先生、太极拳传人韩蓝宇老师，以及梅花桩传人韩其昌老师等，他们传授了许多各自门内的精华技艺给马传旭。

马传旭获得指点后更是内外兼修，通过几十年坚持不懈的努力，融合少林拳猛，形意拳的脆，太极拳的柔，八卦掌的巧，以及其他内外家拳种的精华，真正做到了养生和技击于一体。其技艺特点已经是随心所欲，挥洒自如，融会贯通，混元一气。真正领略了无招胜有招、千变万化、应物自然的境界。始得见识中华传统武术之博大精深，也因此走上了传承和发扬祖国传统武术的艰辛道路，时至现今八十又三岁的马传旭，面色红润，中气十足，仍风雨无阻，每天练功不辍，始终不遗余力为梁派八卦掌的传承做着贡献。

招熟求懂劲　融汇能贯通

早在 1978 年，北京市公安局为了增强保卫人员的实战技击能力，在业内招聘武术总教练，时年 44 岁的马传旭在众多的人选当中脱颖而出。在随后的几年中为国家培养了一大批警卫人员。

“白天上班，我就利用晚上的时间练习八卦掌，每天凌晨 2 点前都没睡过觉，往往都是早晨 5 点就要起床。”在几十年的学武过程中，马传旭风雨无阻去练功，形成了自己的独特风格，并且具备很强实战能力。1983 年起，他又担任了北京铁路公安局武术总教练，培养和训练了大批的铁路

公安干警。

在多年的苦心修炼后，马传旭做到任何器械都能为自己所用，刀枪剑戟样样精通。尤其是八卦刀更是与众不同，他人的刀法是缠头裹脑，而马老的刀法是人动刀不动，只见刀尖在眼前而不见人影“力、气、意、合、修”五个步骤，是马老自己总结的修炼内家拳的方法，以此能够进入内功修炼的殿堂。

“所谓的内功就是把意气力三者练合了。以意带气，以气带力，意气相合，收发自如，随心所欲才是真正意义上的内功。”马传旭介绍，古人称之为炼丹，就是经过长期的修炼人的丹田形成一股能量，他能受人的意志来控制，这种能量产生的力量不知超出正常人多少倍。

“太极为柔，形意为脆，八卦为巧。八卦讲究的是步法。脚底下相当快，一步就一丈多。为什么你一打我，我就到你身后了。”中国功夫的奥妙不是吹出来的，是练出来的。真正做到刚柔并济，收发自如，不是那么容易的。马传旭个人经历说明了八卦掌技击术的有效性。在马老中壮年时期，表现了高超的技艺，赢得了人们的尊重。马老赴日本进行八卦掌的推广，引起了巨大的反响。据马老回忆：“我刚到日本的时候有很多日本人不服气，找我来打的人很多，刚开始时有一个练空手道的，练了十几年了，想和我切磋。我说这样吧，你找个两面垫子，我怕打坏了你。让他抱着，一掌把他打出去5米多。就隔着两面个垫子打得他半天才起来，这下子他相信什么是内功了。”

马传旭（右）、吴云艳（左）

八卦掌的技

击作用很多练武之人都有所了解，甚至痴迷。但是大多数人对八卦掌的健身作用却知之甚少。八卦掌之所以被列为国家级非物质文化遗产，是因为八卦掌是中华民族武术宝库的一份珍贵的遗产，它不仅是一套高超的防身技艺，而且是一种老幼咸宜的健身功法。

生命在于运动。当今，随若我国物质文明精神文明水平逐步提高，人们追求强身健体、祛病延年的愿望不断增长，体育运动理所当然地日益受到社会重视，练拳习武，盛况空前。武林拳海中，独树一帜的八卦掌，因其练习风格、招势与其它拳路迥异，强调腰腿功夫，突出拧转走圈，具有神速显见的健身效果，深受广大群众所喜爱。“顺项提顶，松肩沉肘，实腹畅胸，曲腿、蹚泥”地拧身转走，即走圈，是八卦掌的特点，基本功。

马传旭不但全面系统地继承了八卦掌的武德武艺，对八卦掌在健身作用方面也有非常独到的见解。其独到之处就在于对祖师爷董海川传下来的功夫应在圈上找。要练出内功！俗话讲得好：“打拳不练功，到老一场空！”

形容自己修炼这项基本功的过程，马传旭用了单调、苦闷、寂寞这三个词。转圈将基本功和最高层功夫统一成极简单、内涵又极丰富的练功方法，是八卦特有的劲力与身法相结合的方法，是在不断的盘旋绕转中，仍然能够身体放松，头脑精神安静舒适，然后再静中求动达到专一而不乱。

马传旭（右六）一直以来义务传授八卦掌

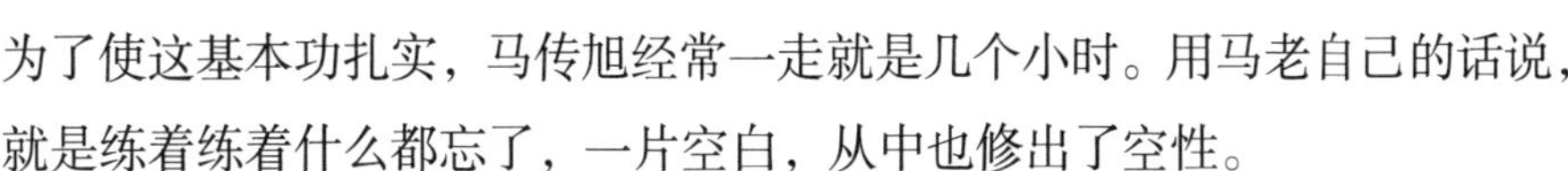

为了使这基本功扎实，马传旭经常一走就是几个小时。用马老自己的话说，就是练着练着什么都忘了，一片空白，从中也修出了空性。

而八卦掌的基本功法转圈正是一种有规律的重复运动，而这种转圈运动与其他重复运动的根本区别在于该种练功方法在转圈的同时始终要求凝神聚气，意沉丹田。所以该运动质量高于其他种类的重复运动，从而可以达到更好的锻炼效果。

八卦的养生就更有说头了。八卦掌有自己一套独特的拳理，讲究通过转圈练拳达到身与心的完美统一，练拳讲究意到气到、气到力到。通过正确的方法锻炼，每个人都可以达到身与心完美结合的境界。从而达到有病祛病、无病延年的目的。“百功走为先，八卦走的行桩，不象其他功法是死桩，练长了对身体关节有所损坏。”对于八卦掌的练习方式，马老自豪地说：“我们这还不需要多大的地方，也不需要什么器械。找个直径一米多的圈就能练。”

“八卦掌是有氧运动，也叫高级运动。它能打通经络，使气血畅通，百毒不侵。你看我这几十年就没去过一次医院。好多人还吃这个保健药那个补药，你看我什么药也不吃。还花钱买减肥药，买这个器械那个机器，要不就不吃饭折腾了半天也不管用。他们不知练八卦的好处。还有人也在练，但他练的肌肉，那好像是汽车在跑。那是磨损，练八卦好比是保养它练得是内五行，使你的心肝脾肺肾得到锻炼，达到高度的协调一致，从而达到养生的。”正如马传旭所说，八卦掌的养生和中国中医理论相通相融，是其理论的一部分，它不是靠吃药、按摩、针灸等，而是靠运动和运气导气，运化人生之血脉和经络脉，通达到经血气脉的畅通，达到了健身和强身之故。

身跨骏马背　奔腾万里程

在几十年的武术生涯中，马传旭时刻不忘为国家培养后备人才，把中华武术传承下来。1978—1983 年，马传旭为北京市公安局培养和训练了一大批具备实战能力的保卫人员，为国家领导人的出访和外国元首的来访的保卫工作做了重大贡献。1983—1993 年，为北京铁路公安局公安干警进行了系统培养和训练，提高了干警的综合能力，为保卫旅客的安全维护社会和谐提供了保障。作为北京市公安局总教练北京铁路公安局总教练期间，马老在训练中言传身教严格要求，训练培养大批德才兼备的公安人员，经过一番刻苦训练，一批批学员在他们的岗位上发挥作用。有的学员在市局当了领导或在中央领导身边作秘书和警卫，其中很多人也成为马老的入室弟子。

20 世纪 90 年代初，在恩师李子鸣的倡导和支持下，马传旭创办了北京腾龙武术职业学校，并担任第一任校长，执导过的学生不计其数。同时，自 70 年代在业余时间免费传授八卦掌技艺，国内外很多人慕名前来学习，经过不同时期的考察，许多人品好，学习认真，虚心求教的人员正式拜师，现有入门弟子数百人，主要分布在北京、河北、河南、东北、上海、广东、日本、澳大利亚、法国。

马老曾多次受邀到日本、澳大利亚、法国等多国讲学，国外弟子已经开设多家武馆，为弘扬和传承八卦掌作出重大贡献。马老现已八十多岁，还每天坚持练功，风雨无阻，并免费传授八卦掌的技艺，为非物质文化遗产的传承做贡献。中华武术能够代代相传并不断发扬光大，武林中人，特

马传旭收徒

别是名家，都肩负承前启后的使命。用马老的话来说：功夫再强，也是“生不带来，死不带去”，现在都信息时代了，门户之见、“留一手”，这些不利于中华武术发展的陋习，都应丢进历史的垃圾堆了。马传旭先生几十年如一日坚持不懈地练功，自 20 世纪 70 年代起，分别在“官园公园、展览馆、天文馆、动物园、首都体育馆、紫竹院”等地免费传授八卦掌技艺。

1993 年—2004 年马老担任北京市八卦掌研究会二三届会长，摒弃门户之见，团结各个拳种，以举办研讨会、团拜会、武术比赛、清明祭祖等多种形式，形成各门派共同弘扬中国传统武术的良好局面。并通过组织编排八卦掌套路，举办裁判员学习班，举办八卦掌研讨会等方式传播梁派八卦掌文化。

中华武术是中国传统文化的典型代表，在中华武术几千年的发展中形成了具有鲜明的民族特点和地域特征悠久的武术文化。武德作为习武者的道德规范，是武术文化的精神本质属性，是武术的灵魂所在。在梁派八卦掌的传播和发展过程中，马传旭特别看重的就是武德修养的传承。

武德始终贯穿于习武者整个练武、用武、授武的过程中。“拳以德立，无德则无拳”，马老在选弟子时，也是秉承着武德至上的原则。用武德来规范弟子的行为，培养弟子的人格思想。而对于中华武学的传承，马老则希望，现在的习武之人更要加强专业认知，系统化、专业化地完善武学。

耐得住寂寞才守得住繁华。几十年如一日，马传旭在工作之余勤学苦练，淡泊名利，只有一份热心、真心、恒心，修炼自我，传承武术文化。用马老自己的话来说，支撑他始终没有摒弃练武的信念就是心中的“使命感”。“为国家服务，为人民服务，时刻不能忘了本性，因为我是中国人。”没有利用自身的八卦掌的修行赚钱，而是默默地坚守着传承事业，马老说：“八卦掌是中国传统文化，不是我个人的，而是国家宝贵的文化财富。我希望做一些有价值的东西，体现生命的意义、传统文化、人的价值。而练功为我带来的不急不气的生活信条则为我带来了无比的幸福感。”

八极定乾坤

——走近八极拳大师王世泉

◎ 易苏辉　刘昆仑

王世泉练功照

中国人受主张“积极入世”的儒家文化的影响，自古以来就渴望建功立业、功成名就。但是儒家的“积极入世”并不等同与现在社会上流行的“拜金主义”，因为它提出了更为严苛的成功准则。从修身、齐家、治国、平天下的雄伟抱负到立功、立德、立言的具体要求来看，想要成为一位“君子”是一件着实不易的事情，因为这要求一个人不仅要具有过人的本领，还要有足以服众的德行和流芳百世的作品。想要成为“成功人士”不一定都是出身富贵并且智商奇高，实际上在现实生活中，大部分的成功人士都是那些家境普通、资质平平的人。这些平凡的人在成为成功人士的道路中，成就了一套属于自己的方式，而传统武术界的大师王世泉便是这一类成功人士的典型代表。

他勤学苦练，德艺双馨，艺精功深，多次在国内外的各大武术赛事上获得佳绩。他是一名优秀的武术大师，同时他也是一位成功的企业家与书

法家。他毕生致力于武术事业的传播推广，热衷于公益事业，并培育了大量的武术人才，为传统武术的发展作出了突出贡献！

王世泉，出生于1948年，自幼喜爱运动。1965年随大师兄刘殿仕学习八极拳，后多次到天津北郊双街村拜访老师鲍有声（鲍质文）并得到老师亲自指导。他现任中国武术协会委员、中国武术协会经济委员会委员、北京市武术运动协会八极拳研究会会长，中国武术八段。

见过王老师的人都会有这样的感受：他说话中气十足，走路如风，耳不聋眼不花，个子不高，身材均称，说起话来铿锵有力。当你每次和他谈起武术的时候，他都有着说不完的话，并且在兴致高涨时他还会拿起盾牌作演练。在我的整个采访过程中，他会时而发出朗朗的笑声，给人一种亲切平易之感。

少年有成　结缘武术

王世泉自幼聪慧过人，勤奋好学，痴迷武术。八岁时开始接触武术，15岁专心走上习武之路。20世纪50年代，百废待兴。老百姓的衣食住行，朴素简单的如当时一首民谣所唱：四个兜的中山装，小米高粱吃得香，几户人家一个庄，走亲访友靠步量。革命的激情和心中的理想，共同引领着50年代的人们开创属于自己的生活，他们工作繁杂但没有怨言，生活清苦但没有牢骚，遇到困难也不气馁。直到现在还有人感叹：50年代，多单纯啊。

在那个国运待兴的年代，人们崇尚武术。可谓是武术人才济济，武术界的那些大家名流却很少同行相轻，他们互相尊重，相近相敬，相互交流学习，丝毫没有现在一些所谓的武术“名人”或者“大师”的那种傲慢与轻浮。武术不言“大”，采众家之长丰盈自己，当属贤举。“温恭含刚毅”，服从真理，但不趋炎附势，敢于直言，从不文过饰非，是当时武术家的品质。人生有许多需要面对的，许多事情，难以自己的意志为转移，但当改变不了它时，就需要学会面对。对武术的执着追求，不仅使王世泉有了强壮的身体，而且具备很好的心理素质。他有过逆境，但他在逆境中坚持练八极拳，八极拳大宇宙、小宇宙自我协调，寻求平衡的理论，又给以王世泉以很大

与吴彬先生在首都体育学院讲课

帮助。

那一时期存在着大量的练武之人和精通武术者。这些练武之人逢年过节的时候，就在师傅的带领下赴各村进行武术表演，有时一天演几场，深受百姓的喜欢。八极拳如同太极拳一样丰富多彩，流派众多。王世泉练的八极拳属李书文支系。李书文是一代宗师，精技纯功，镇邪恶，御外侮，以武扬威，誉满海内外，有“刚拳打无二，神枪李书文”之说。在王世泉的办公室里陈列的大枪可谓巨无霸，大概是以此表达对李书文宗师的尊敬吧。

少年时期的这段习武时间，是王世泉老师人生中最快乐的时刻，这种快乐不断地激励着他直到年逾古稀之时也在坚持习武，忍受着练武的苦与累。每天迎着朝霞去练功，王世泉说：“八极拳六练八要就是：一练浊力如疯磨，二练软绵封闭播，三练寸接寸拿寸吐露，四练自由架式懒龙卧，五练脏腑气功到，六练筋骨皮肉合，七要尊师与重道，八要仁义与有德。这些都是八极拳前辈先贤们练功经验体会的高度概括，它不仅提出了练功方法，更重要的是提出了练功层次，使我们能一步步进入武学的高深阶段，使我们能尽快的出功夫，达到内外兼修之目的。”他回忆小时候的习武经历时说，习武之人一定要勤奋，以勤治惰，以勤治庸，一勤天下无难事。

而立之年　习武教武

学会了基本套路，就想向更高层次攀登，更加悉心研究八极的精髓。在王世泉的武术生涯中，除了大师兄刘殿仕外，还有三个人也起到了重要的作用。1965 年王世泉和钱震、陈升、赵友随大师兄学习八极拳，并多次得到鲍有声老师指导。1978 年正式向鲍有声老师学习金刚八式、六大开手、八极拳、八极小架、大劈挂掌、八极雷拳、八极软架、大架八极、八极拳对接、八极拳劈挂等。王老师是著名拳师鲍有声先生的真传弟子，基本功扎实。在交谈中，王老师强调了他收徒的两项严格要求：第一人品要好，不讲武德的人不收；第二拜师从不收钱礼。他说练功如同吃饭、睡觉，一日不可或缺。对于他的功力，京城武术界早有所闻。每逢新春佳节，王老师总会邀请武林同道欢聚一堂，抒怀畅饮，切磋技艺。各门派掌门人当场亮出看家本领。作为东道主，他也不甘示弱，以八极拳会友。

在习武之余，王世泉的书法练习也从未落下。八极与书法的相同相近之处很多。不是牵强附会，而是世间万物皆同源。书法之意，就是文字的

2016 年全国传统武术教练员培训班担任八极拳指导老师

艺术表现形式体现。白纸黑字，称“技巧”，日本称其为书“道”。八极入门一招一式，虚实转合。劲道来龙去脉需踏踏实实揣摩。立身中正，以意领气，式短意不断，意气紧相连。书法入手一笔一划，曲直弯折。意境神采飘逸要仔仔细细勾勒。姿势端正，心腕交映。笔短意不断。有法入道，有道引法。书法有坐姿、站姿区别。

通过几十年年如一日的认真修习，步步参悟，领略到八极的神韵。八极拳以头足为乾坤，肩膝肘胯为四方，手臂前后两相对，丹田抱元在中央为创门之意。以意领气，以气摧力，三盘六点内外合一，气势磅礴，八方发力通身是眼，浑身是手，动则变，变则化，化则灵，其妙无穷。八极拳非常注重攻防技术的练习。在用法上讲究“挨、膀、挤、靠”，见缝插针，有隙即钻，不招不架，见招打招。

八极拳属于短打拳法，其动作极为刚猛。在技击手法上讲求寸截寸拿、硬打硬开。真正具有一般所述挨、帮、挤、靠、崩、撼之特点。发力于脚跟，行于腰际，贯手指尖，故暴发力极大、极富有技击之特色。由于八极拳动作刚劲、朴实无华、发力爆猛、大有“晃膀撞天倒，跺脚震九州”之势，因此有“文有太极安天下，武有八极定乾坤”之说。

花甲之年　锲而不舍

关于“武术究竟是什么”这一问题，部分武术家、武术学者认为，“技击”才是武术存在的基础，是武术的本质所在，并批评当前的武术政策“过分强调武术强身健体的一面，而忽略了武术的本质”。这种观点随即被概括为“唯技击论”，遭到了官方的批判。官方意见认为：“在古代，技击是武术最主要的作用，但当武术的强身健体作用被人民认识以及武术在军事上被枪炮所代替后，健身便成为了武术最基本的作用。”究竟是像国民政府时期的“中央国术馆”那般倡导唯“技击”的武术，还是将武术视作一种锻炼筋骨、延年益寿、为人民群众服务的体育运动，被视为“武术工作中的两条路线”之间的斗争。上述种种观点，曾令时任奥委会主席罗格生出质疑：“武术和体操有何差异？”但在王老师看来，八极拳之所以以

王世泉（左）与作家刘昆仑

“八极”命名，其基本理论和文化内涵是不可分离的。作为一个优秀的武术门派，八极拳有着自己独特、完整、细统的理论体系，大致可由“意理、武理、力理、医理、德理”五部分组成。武术被视为国粹，是中华民族独特的人体文化，所以在20世纪30年代时曾直呼为“国术”。至今在港、台以及海外部分华人中，仍被称为“国术”。数千年来，随着社会经济文化的发展，武术也在不断地发展变化，逐渐成了我们民族最独特的人体文化的瑰宝。

自卫本能的升华和攻防技术的积累，是武术产生的自然基础。世界上各个民族都产生过自己的武术，但是却没有任何一种武术可以像中国武术这样传承千载而又丰富多彩，纵观全球。武术不只是格斗技术，健身体育这样简单，它影响着民族文化的方方面面，诸如医药保健、戏剧文学、方术宗教等。

武术，并不单纯地指人们在争斗中所作出的简单的击打或自卫动作。如果只是简单的挥拳舞棒，那么也只能算得上有武而无术。中华武术是经过千百年文化陶冶而成的一种独特的人体文化，它是以中国传统哲理和论理为思想基础，以传统兵学和医学为科学基础，以内外兼修和术道并重为鲜明特点的一项内容极为丰富的运动。王世泉虽然平时工作繁忙，但是他对练功却锲而不舍，即使工作再忙，每天总要抽出时间习练。为了弘扬中华武术，推广八极拳，他与曹彦章老师联手创建了华园武术培训中心。这个培训中心就像是一块晶莹璀灿的宝石，不断地吸引着周边的武术爱好者前来学习。

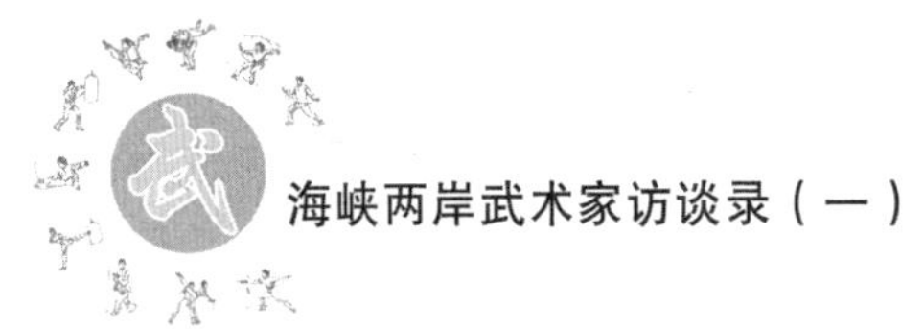

古稀之年　实现抱负

多年来，数以百计的公务员、白领、工人、学生等纷纷“投身”华园来学练中华武术，这其中并不只有中国人，还有许多金发碧眼的洋人。在这块园地里，他们默默无闻地耕耘，勤勤恳恳地劳作，用自己对于武术的热情和坚持浇灌了一朵朵武术的鲜花，培植了一棵棵功夫的幼苗。

传统武术博大精深，但随着岁月的流逝，许多名家或已作古，或年事已高，能讲能练能教者，日渐稀少。王世泉虽近古稀之年，但精神矍铄，功夫如故，一招一式，浑身散发着武术大家的风范。王世泉认为，学武应淡薄名利、尊师重道。日益增长的不良风气应引起我们的警惕，特别是传统武术的固疾：如门派与辈份高低之争，固步自封、目中无人、恶性斗殴等不利于团结共同提高的情况时有发生，严重阻碍了传统武术的健康发展。

回顾过往，把武术放在历史的各时段和全球的空间中去思考时，就很容易理解为何中华武术能够生生不息，魅力四射。有人的地方就有争斗，就有格斗，但放眼望去，唯有中国的武术流传至今，不仅百花齐放，而且独具魄力。或许是因为历代军事家、武术家把武术中格斗术的攻防招式加以提练，组成武术套路动作的素材，与中华传统文化的诸多理论深入结合，形成独具中华民族特色的武术套路运动，自立于世界体育文化之林；同时，武术攻防的实战与演练同步发展，既有效地提高武术实战运用的水平，又使套路运动不断完善发展，尤其是套路运动，培育了习练者的攻防意识、意志品质、强筋壮骨、外强内壮、矛盾互变的内涵意境，它的潜在效应，传承至今。

在“武”的理念认识上，把“持戈而武”与“止戈为武”的对立统一上升为一种哲学，深化为中国人安身立命的思维方式。当国家的综合实力逐渐强大，当我们的民族自信一天天提升时，武术作为中华文化的载体也一天天大放异彩。国家强盛了，作为中华民族的武术项目更能发扬光大。

王世泉现今虽已年逾古稀，但仍遵照孔子所言“学而时习之，不亦乐乎”的学习理念，坚持日习大楷两张，做到点画、结构、行气一丝不苟。除坚持练字、读书看报外，他还坚持运动和练武，保持生命不息，练武不止的精神。王老师本人平实、谦逊、善良、慷慨……这些品格构成了他人格的主旋律，使其受到了武术界的认可和尊重。作为八极拳的传承者，王世泉说，八极拳完全可以变成兼具传统武术文化和现代时尚的运动方式，希望在不久的将来，中国传统的八极拳武术能够在中原大地上枝繁叶茂，他仍有鸿鹄之志，他仍在殚精竭虑，继续书写着他的八极拳人生。

《吟八极》——许鸣

淡泊人生，
如漫步流水小桥。
修炼——内求最高，
回头一望万事消。
更哪堪寂寥，
傲骄娇俏。
经不住时间打磨，
锈噬了生命，
何傲何娇。
坚硬的年轮致密，
圈圈都有勤勉浸泡。
君不见阴沉木，
虽掩埋千年。

金灿更胜前朝，
因日光月华里吸纳，
露霜雪雨中浸泡。

人生有极，
八极无极。
把有极的生命，
放进无极的八极，
定能延长这有极。
如品香茗咂摩细品，
那一缕缕沁入心脾。
道中有道，
悟高者得其髓。
戒骄戒躁，
皮肉筋膜骨髓，
都勤谨修炼到。
个中滋味自己找，
百年那一缕香魂自逍遥。
道中有道无极道，
觉悟高者得大道。

走进刘敬儒的武学境界

◎ 张　宁　王艳芳

兴武武术社顾问刘敬儒

三月初，采访中国武术九段、北京市八卦掌非物质文化遗产传承人武术家刘敬儒。在去刘老家的路上，我还有点担心：刘老今年已经81岁了，之前，我采访过不少这个岁数的老年人，脑子都已不大好使了，叙述一件事情，特别是回忆一些陈年往事，总是前后矛盾。但是敲开了刘老家的房门，开门的是一个看上去顶天儿也就60岁的男人，不由得大吃了一惊。无论如何，我都难以相信他是一个80岁的老人，因为他看起来甚是年轻。

刘老不仅长得非常年轻，还特别地健谈，说到高兴处，喜欢站起身来，比比划划，即使是颇有难度的动作，也都完成得干净利索。说来有些不好意思，在长达4个小时的采访中，倒是我这个50来岁的人，因为感到累，而几次提出“歇几分钟，一会儿咱们再接着聊……”刘老的讲述时间、地点、人物脉络清晰，故事也很精彩，录音稍加整理，便是一篇很好的文章。

习武之前

我，1936 年出生在河北省高阳县。高阳县属保定地区，但高阳的历史远比保定要长，可以追溯到三皇五帝时的高阳氏（五帝之一，名颛顼，据说他曾建都于高阳）。我父亲是个商人，主要做染料生意。我母亲出身名门。抗战时期，高阳是平原游击队的主要活动地区。抗日名将佟麟阁就是我们高阳人，我姥爷和他还拜过把子。我们住的房子是李鸿藻家的，我姥爷姓李和李鸿藻沾亲。李鸿藻是李石曾的父亲，与李鸿章是同时期的大学士。

高阳不仅是武术之乡，是绵拳、翻子拳的发祥地，也是北方昆曲的发祥地，北昆名家韩其昌、白云生、侯玉山、侯永奎、马祥麟，还有京剧武生泰斗盖叫天都是高阳人。但我小时候，却并没有习武，也没有学唱戏。你们从我这个名字上就能看出，我父母还是希望我能成为一个读书人。

高阳县有个石牌坊，是为纪念明朝天启皇帝的老师孙承宗而立的。这个孙承宗中过榜眼，当过兵部尚书，他在宁远做总兵时，曾炮击过努尔哈赤。后来，多尔衮带兵攻打高阳县城，孙老先生以七十高龄，率全城官兵、百姓英勇抗击，奈何寡不敌众，城破被俘，拒不投降，最后，被多尔衮五马分尸。我小时候，一到春节，附近十里八乡的少林会、小车会、高跷会、戏班，还有很多耍把式卖艺的，都会聚在石牌坊前献艺。我最爱的是高跷表演。他们都绑着一米多高的高跷，踩着锣鼓点，边走边表演一些很高难度的动作……

1945 年，我们家迁到了保定。我家附近有个武馆，馆长是个 40 多岁的精壮汉子，打得一手好少林拳，学员都是一些半大孩子。我每天放了学，都会跑去看他们练武。不过，我那个时候才 10 岁，胆子也小，虽然喜欢，却不敢和他们一起练。因为当年师父带徒弟，不跟现在这样，给你个套路，你就去练吧，直到把你练废了为止，而是都讲实战。

1947 年，我们家又从保定迁到了北京，住在崇外河泊厂南口。从我家往北 50 米有个茶馆，掌柜的名叫崔玉贵。他是程派八卦掌的创始人程廷华先生（程是八卦掌祖师爷董海川门下最有名的弟子，曾代师传艺，董师

刘敬儒与作家张宁

去世后，程开始正式授徒，弟子数量之多，不下百人，后来成名的有：孙禄堂、刘斌、杨明山、李文彪、程有龙、张永德、姬凤祥等。因之前他有以开眼镜店为生，是以人送外号“眼镜程”。其对后世的影响十分巨大。按照《国技论略》的说法是：“凡言八卦掌者，几无不知‘眼镜程’也”。）的弟子张玉奎（张是程的开门大弟子，因以前他是磨面粉的，是以人送外号“磨倌张”）的徒弟。这位崔掌柜也教了不少徒弟，他能将一口四尺二寸长的单刀舞得虎虎生风，那刀我双手抱着都嫌沉，你说他得有多强的臂力和腕力呀！当时我就想等我再长大几岁，就拜他为师，学习八卦掌。

1951年，我考上了十一中学。当时，我可以说是一个超级武侠小说迷，像什么宫白羽的《十二金钱镖》、还珠楼主的《蜀山剑侠传》……凡当时市面上能见到的武侠小说，几乎就没有我没看过的，常常一看就是一个通宵。

1957年，我高中毕业后，由于家中日子过得实在是太紧巴了——父亲每月只能领到六七十元钱的工资，母亲没有正式工作，生了我们八个孩子，十口人就指着这点钱过日子，困难程度可想而知。之前，我一直想拜师习武，也主要是因为这个原因，迟迟未能如愿。作为家里的老大，当我可以工作时，没理由不赶紧工作挣线，帮父亲养家。就这样，我放弃了考大学，当了一名小学教师。

拜得名师

不过，塞翁失马，焉知非福！一工作，我就有钱了，虽然少，但终于能够实现埋藏在我心中多年的习武愿望了。当时，在我教的学生里面有个叫骆燕茹的女生，她是著名武术家骆兴武的女儿。由此，我认识了骆先生，进而拜了骆先生为师，学习八卦掌和形意拳。

骆先生曾师从程廷华先生的得意门生的李文彪学过八卦掌，同时也是形意拳大师李存义（原在保定开镖局，后在天津创办了中华武术会，曾力败号称世界第一的白人大力士，与大刀王五、程廷华过从甚密，因精于单术，故人称“单刀李”）的高足郝恩光的徒弟。骆先生曾被东北军的副帅吴俊生（张作霖的拜把兄弟）聘为帅府的武术总教官（其时，程廷华的侄子程有功是张作霖大帅府的武术总教官，两人在一起住了 3 年）。1930 年，骆先生曾夺得东三省武术擂台赛的第一名。东北沦陷后，骆先生回到北京，于 1949 年，成立了“兴武国术社”。1966 年前，北京武术协会下设有长拳、太极、形意八卦等组，骆先生是形意八卦组的组长。

“兴武国术社”在延寿寺街 100 号。这里过去是临湘会馆，是个三进的大院子，骆先生住在中院的三间南房里，两间住人，一间是国术社。社内陈设十分简单，南墙下摆着一张八仙桌，两边各一把太师椅，墙上挂着骆师的老师李文彪的遗像。遗像上的师爷方面大耳，两肩下垂几乎到肋，一看就是八卦掌功夫无比深厚。骆师常对我们说：“东三省沦陷后，从沈阳到北京已不通车，我是一步一步走来北京的，路上什么都丢了，就这张老师的照片没丢。因为我把它看得比我的命都重要，我的一切都是老师给我的，做人不能忘本！”骆师的话让我很受教育。骆师还跟我说过：“你师爷的两肩上都有深坑，鸡蛋放上去都不会掉下来。足见，八卦掌功夫之深。”还有：“你师爷曾在三寸厚的木板上钉上狗皮，足足打了三年，掌心的肉都是凸出来的，他只要用上三成劲，一掌就能打得对方口吐鲜血。有一次，你师爷的掌在我胸前滑了一下，我就疼了一个多月，每天都得偷偷吃‘七厘散’，练功时还要装做没事人一样，不然，就得挨骂！”

拜师后，我几乎每天下午都要到国术社去练功。去了以后，我做的第一件事是扫院子、倒脏土，然后，拿起水桶到前院自来水管处，一桶一桶把骆师家的水缸打满，这才开始练功。

100号院子里有棵老槐树，是我们练习扎枪的好地方。每天我都要站在树前，端着一把九尺长的大枪，分左右手，拦、拿、扎各一百下，然后，再拿一根一米多长的铁棍当剑，练习崩、点、刺。这些都练完了以后，再一个人到前院，或者后院，练习各种拳法、掌法和身法。这时，师父如果能从屋里出来，动一动你的手指、按一下你的肩膀，那你就感到很幸福了——这就是师父在点拨你功夫了，如果师父看你练得好，一高兴，没准儿又能教你一点新东西，那你就感到无比幸福了。

因为我的那些师兄弟，全都是拖家带口的，每天要班上家里两头忙，一般只有周日才能来社里练上半天。而我不仅没结婚，而且连女朋友都没有，又一般下午三点来钟就没事儿了，所以当时每天来社里练功的几乎就我一个。到了周日，师兄弟们陆续来齐之后，师父就会叫我们一个接一个地按顺序演练形意拳的各种拳法。练完形意，大家就会各自找地方练器械或八卦掌了。那时候，师兄弟过招受点轻伤是常有的事，骆师常说：“只有通过说手、喂手、试手，才能达到和人动手的目的。”那时，我们去外面与人切磋，若是赢了回来，程师就会高兴；若是输了回来，必是一顿臭骂。

刘敬儒八卦掌燕子抄水

因为我系统地接受

过篮球训练，身体素质不差，领悟力也还行，学拳很快。而且我每天练拳的时间比我那些师兄弟要多得多，所以我才学了一年，功夫就已超过了一些学了三五年的师兄。当时，我一月挣 31 块钱，20 块钱给家里，剩下的几乎都孝敬给我师父了。我从家到学校，再从学校到师父家，然后，再从师父家回家，一圈下来差不多有十一二公里，我是宁可腿儿着，也不舍花三块钱买张公交月票。师父喜欢听京剧，我几乎每个月都会请师父去听回马连良，或谭富英、裘盛荣、张君秋什么的；我看师父的鞋破了，就会去内联升给师父买双礼服呢面的千层底儿；我看师父家的茶叶快喝完了，就会去张一元给师父买半斤花茶。我的一举一动，师父都是看在眼里的，所以他对我也是格外喜欢，教我的也多。

我是一名教师，有寒暑假，特别是暑假，天长，假期也长，是我练功的黄金时间。暑假期间，我都是每天不到六点就到了天坛公园，先绕园子走上十来里的八卦步，然后到我练功的地点，再围树走圈，练习八卦掌法，这一练就是一个多小时。之后，稍事休息，就去老师家，把老师接来。再然后，我练我的，老师练老师的。老师练完后，才会给我一些指点。这就中午了，我会先把老师送回家，再回自己家。晚上八点，我还要去天坛公园，练两个多小时的八卦刀、八卦枪。练累了就躺上公园的长椅上，看星星……

功夫初成

老话说功夫不负苦心人，正是在这样的勤学苦练之下，我的功夫长得很快。老师看到我的进步，心里也是十分高兴，作为奖励，他经常会领我去拜访一些武林前辈。

最让我难忘的是去拜访马玉堂老前辈。马先生是李存义的高足，在当时的北京武林，可谓神一般的存在。他的儿子马元基 1928 年参加南京“中央国术馆”考试，获得了四项第一，被聘为了“中央国术馆”教员；他的儿媳，也是他的徒弟赵飞霞在同年“中央国术馆”举办的擂台赛上，女扮男装击倒过多名男拳师，成为“中央国术馆”女子班教员；他的徒弟朱国福 1923 年在上海万国会擂台上，击败过俄国大力士裴盖哈伯尔……

骆老师是马老前辈的师侄，与马老前辈的徒弟朱殿琛、朱殿和相交莫逆，亦曾得到马老前辈的指点。那天，我一听老师今天要带我去看望马老前辈，高兴得马上买礼物，随老师前往。马老前辈住在骡马市大街。他一见我们来了，很是高兴，还从椅子上站了起来，老师命我行叩首礼，我立马跪到在地，给马老前辈磕了几个头。当时，马老前辈已 80 多岁，留有山羊胡，非常慈祥，但也显老态了。在谈了一些往事后，老师命我给马老前辈练一趟八式拳，我练完后，马老前辈脸上露出了笑容。说："行，还有点儿形意的味道，以后好好跟师父学。"唉！没想到马老前辈转年就去世了。我能有幸见到他老人家一面真是幸运！

1963 年，经济恢复，北京市举办了建国以来最盛大的一次"武术冠军赛"，我获得了成年形意、八卦掌组的冠军。当时，长拳组冠军是门惠丰、太极拳组的冠军是李秉慈。赛后，刚成立不久的中央电视台请我们这些冠军到台里给全国人民汇报表演。事后，每人给 25 元的劳务费。这可是我第一次凭练武术挣的钱呀！没有老师能有我的今天吗？于是，我马上在鸿宾楼请我老师，还有马有清、李秉慈、骆大成三位师兄吃了顿饭，以示庆贺，这顿饭只花了 15 元，剩下的，我都送给老师当零花了。

当年，北京武协下有三个大组：长拳组组长是孙占鳌；太极拳组组长是徐致一；形意八卦组组长是我老师骆兴武。我和李秉慈、门惠丰是 1963 年武术比赛三大项的冠军，自然也成为了各组的成员。

由于经常参加研究会的活动，使我和一些老先生熟悉了起来。我有去过在雍和宫西墙根的健康武术社，向陈子江老师求教。但陈先生很吝赐教，不过他的大徒弟关秉公却与其师正相反，他特别爱说话，说起来滔滔不绝，让我学到了不少东西。我还有去过在西单辟才胡同的杜级三老师家。杜老师是山西人，说话山西口音，练的是山西形意拳。他为人随和，待我很好，教了我很多东西。李天骥先生家，我更是常去。李先生的父亲李玉琳原是郝恩光的弟子，郝先生去世后，又拜了孙禄堂（孙式太极拳的创始人，曾从程廷华学八卦掌，别号"活猴"在近代武林中素有武圣、武神、万能手、虎头少保、天下第一手之称）为师。我每次去，李先生都会热情地接待我，给我讲很多武林轶事。

转益多师

1963 年以后，我将练拳的地点从天坛公园转到了东单公园。东单公园交通方便，练拳的人很多，便于交流切磋。在那儿我又结识了很多武术前辈，也结交了许多朋友。

秋天的一个星期天上午，我练完拳正想回家，忽然看见一位四十余岁的中年人正在东单公园的西北角练拳。他打的那种拳我从来没有见过，很是好奇，就走了过去，等人家练完后，忙客气的问：“您练的这是什么拳呀？”“螺旋拳”他脱口而出，这拳名我也没听说过，于是又问：“您跟谁学的呀？”“老裘”“老裘是谁？”“老裘就是裘稚和呀”我突然想起来了，这个老裘，我竟然认识。他星期天常来中山公园看骆老师教我和马有清师兄练拳。他就蹲在一边看，有时会给骆老师递过来一支烟。我还曾问过他会点什么，他表示不会练，就喜欢看。中年人听我这样一说，不禁哈哈大笑起来：“我是汽车七场的党委书记，我叫赵长青，老裘是我们厂职工，我能骗你吗？”我说：“好吧！那我下周六晚六点去您那儿看望一下裘老师，请您告诉他等等我。”他说：“好吧。”

下周六下午四点，我下班后，骑着自行车跑了二十多公里到沙河镇汽车七场。发现裘老师正在门口等我呢，我们一见哈哈大笑起来。他一边向我解释为什么说不会练，一边领着我向他的宿舍走去。在宿舍里，他拿出了他与张占魁先生的合影。说：“这位大胡子就是张占魁先生，左边站着的是赵道新，右边是我，旁边是张先生的儿子。又拿出了一张他与张先生比手的照片……后来，他除了给我指点过形意拳、八卦掌外，还教了我他编的“螺旋拳”（也称“武当三十六式”）。裘先生当时每月的工资是 80 元，他说他每月会给在开津的老伴寄回 40 元，剩下的都是他自己用。所以，裘先生每次来教我，不是带着荔枝来，就是请我去晋阳饭庄吃饭，还感叹说：“要是在过去，我可以养着你练拳！”后来他退休回天津了，我们还经常通信，他也经常来北京。之后他又要带我去拜访赵道新先生，让我跟赵先生练拳。还说："只有我带去的人，他才肯教。"遗憾的是我不能住在天津，怎么去拜赵先生呢！于是他就把赵先生亲笔写的一篇"拳经"给了我。裘先生非常和善，没有老师的架子，跟我无话不谈。他说王芗斋曾要收他和赵道新、苗春雨、顾小痴为徒，但他们没拜，王芗斋只好收了赵道新为义子。还谈过他曾和京剧女皇孟小冬打过麻将。孟小冬称他为二哥，在嫁不嫁给杜月笙的问题上，还征求过他的意见……

当时，我老师的"兴武国术社"也很红火，很多老前辈经常来看看。比如靴子张的弟子邹理镜、李氏三杰的后代李存芳，刘文华的弟子张长发，眼镜程的儿子程有信等。特别是张长发和程有信先生，来得最多，他们都是老前辈，一来我们师兄弟都很高兴了，围上去问寒问暖，请他们指教，准能学到东西。

一天晚上，张长发先生来了。他是个瘦干巴老头，留着两撇八字髫，虽已八十有余，但仍十分硬朗。老师经常跟我们说："张先生天生神力，人送外号'铁罗汉'。"他来了以后，看我们正练着蛇形，一时兴起，就给我们练了一趟蛇形，之后又给我们讲解，怎样足打、怎样膝打、怎样胯打、

聘为 2015 年国际传统武术教练员培训班八卦掌教练

怎样头打等，让我获益良多。

程有信是“眼镜程”的小儿子，和我老师是一年出生的，“眼镜程”去世时，他才9岁，故未受过眼镜程的真传，他的功夫都是他哥哥程有龙及程门弟子所传授。但因他是“眼镜程”之子，所到之处均受会到热情的接待，他想学什么，师兄们都会毫无保留的传授，所以他学的东西很杂，因其个子矮小，故八卦门的后人都称其为“矬爷”。他曾把程门的八卦掌总结、整理、删选，编了“程氏八大掌”和“程氏六十四掌”，对程氏八卦掌的传播贡献巨大。不过老爷子有点保守，他退休后，每天在东单公园西南角传授八卦掌，经常跟我说：“这几个徒弟连学费都舍不得给我，我能教他们八卦掌吗？”于是，我就粘着他，每星期天，等他授完拳后，我就陪他一起走，一直把他送到家门口，有时，我会去他女儿家向他求教，并时不时地请他喝二两和交给他点学费，总算是从他那儿学了不少东西！

程有生，比程有信又小十多岁。是“眼镜程”的四弟程殿华的唯一儿子，虽然功夫比不上真正的三代，但为人慷慨仗义，有长者风范，与我老师交情也不薄。六十年代初一个冬天的早上，我到天坛公园练功。进门后，发现有个十来岁的孩子在练八卦掌，旁边的长椅上坐着一位老者，不时对这个孩子加以指点。这二位我以前都没见过。于是，我站在旁边看，竟发现这孩子功夫几乎练到下盘，比我还要强上许多。当他练完后，我急忙过去恭敬地给这位老者见行，一问之下，才知此人姓程名有生，是程四爷之子。我又急忙见过礼，并言到我是骆兴武的徒弟，他一听非常高兴，忙说：“那不是外人，我们太熟了，可惜我在石家庄工作很少回京，我们已有十几年没见过面了。”随后，他让我练给他看看，于是我给他练了单换掌、双换掌。程先生说：你的双换掌是正确的，但如果再能加上‘指天插地’就好了。”于是，他便教了我他的双换掌。晚上，我到老师家，说及此事时，老师十分高兴，并马上带我启程去看程先生，二位老人家见面后十分高兴，并说：“咱们都老了，以后就看他们这辈人的啦！”

再遇奇人

20 世纪 60 年代，很多武术名家都过世了。如 1967 年练大悲拳的史正刚去世，1968 年郭古民（梁氏八卦掌的传人）、程有生去世，1969 年，我老师去世，1972 年崔毅士去世，1973 年程有信去世……随着这些武术名家的先后过世，北京武林也是沉寂了很久。直到 1974 年，中央人民广播电台，发表了毛主席的最高指示：“要开展各种各样的体育活动，凡是能做到的，都要提倡，比如做做体操、打打篮球，跑跑步，爬爬山，游游泳，打打拳等。”各公园才渐渐又有人练武了。

我在程有信先生的场子里认识了王荣堂先生，他是“眼镜程”的关门弟子杨明山的徒弟，擅长形意拳和八卦掌。他家在东四十四条，我常去他家看他。王先生身材魁梧，有把子力气，特别喜欢动手，所以，我每次去，必然要和他动手，屋子太小，不过瘾，我们就去不远的地坛公园。因此，我又认识了武当剑高手吴彬芝先生和练太极推手的刘晚苍先生，并跟吴先生学了“武当六十四剑”和“三十六路翻身掌”；跟刘晚苍先生学了太极推手，也就认识了刘先生的得意弟子王举兴和马长勋两位先生。现在王、马二位都是太极拳的专家了。

又有一天，我在东单公园练拳。刚练完，走过来一个瘦高个、留着八字胡、穿着住院服，手里还拿着一根文明棍的先生。他对我说：“你认识我吗？”我一愣，上上下下打量了他一番，还真不认识。他对我说：“我就是刘谈峰，想起来了吗！”“啊！原来是您啊，我想起来了。”刘先生是广东人，跟鲍光英（螳螂拳大师）学过摔手螳螂拳，抗日战争时期，他在东南亚一带参加了共产党，坐过国民党的监狱，当时是中联部的干部。他也跟程有信先生学过八卦掌。但刘先生在武术界不争名不争利，也很少露面，故认识他的人不多。他说：“你参加比赛时，我就坐在看台上，你练得不错。我现在正在北京医院住院治病，过些日子就出院了，我想教你点东西，好吗？”我一听大喜过望，跟他定好了时间地点才分手。

此后一段时间，我每天 5 点起床，骑车 15 里赶往木樨地中联部门前河边的小树林。那是冬天，寒风刺骨呀！刘先生穿着大衣，戴着棉帽、手套、口罩，准时而来。他先教了我一个月太极架子。然后才教我八卦掌。他教我的八大掌与社会上演练的不尽相同。我跟骆老师练拳20余年，八大掌都没学全，因骆老师学艺时，老前辈都是非常保守的，每个徒弟会几个掌就可以了。关键是有功夫。也许李文彪先生都没学全，因为程廷华去逝时才52岁，太早了。故程氏八卦掌门中的掌法很是混乱。程有信先生虽未得到其父亲传，但他是程廷华的小儿子，程门弟子们哪一个敢不尽心教他？所以程有信先生才能有机会窥见程氏八大掌的全貌，后来他还根据这八大掌，创编了八八六十四掌。当时，社会上也只有刘先生能打全这八八六十四掌。现在我能掌握这六十四掌的练法，全拜刘先生的所赐。

1979年，我去参加南宁第一届全国武术观摩交流大会的前夕，刘先生送给了我一套程有信先生的八大掌组照，一共有80多张。现在国内外杂志上或八卦掌同门手中的程有信穿着棉衣棉裤练功的照片都是从我这里出去的。

第一届全国武术观摩交流大会真是一次盛会，大会运动员的平均年龄47岁，我当年43岁，可以说还是年轻运动员。当时，驻军南宁的对越自卫反击战司令员许世友将军也出席了大会的开幕式。最后，我获得了八卦掌的金牌。1980年5月，我将要去太原参加第二届全国武术观摩交流大会时，刘先生因尿毒症住进了北京医院。出发前一个晚上，我替他的妻子女儿值了一整夜班，也算是略尽孝心吧！但当我从太原再次带回八卦掌金牌时，刘先生已经逝世了……

刘先生曾答应给程有信出本书，但夙愿未能完成。2005年，我终于编成《程氏八卦掌》一书，由人民体育出版社出版，这也算是我对程先生、刘先生的一种缅怀和回报吧。

薪火相传

1981年，第三届全国武术观摩交流大会在沈阳举行，北京体委的范宝云女士劝我不要再参加了，留出一个名额给新人。结果在这次大会上，我的学生付春梅又获得了八卦掌金牌。听到这个消息，我比我自己拿金牌还要高兴。

同年，我还被聘为了北京武术队的客座教练，专门给女队传授八卦掌技艺，我断断续续在该队任教了十余年，我教过的很多学员后来都在国内国际比赛中获得八卦掌金牌。比如戈春燕曾先后五次在全国武术比赛中获得八卦掌金牌，张宏梅、壮晖、商钰等多次获得全国冠军。记得我刚到北京武术队女队任教时，都是全队队员一起练习，她们的教练李俊峰就排在队伍的头一个。当时，我还很诧异，后来，我看了电影《武林志》，才知李俊峰饰演了男一号东方旭，戈春燕扮的是东方旭的老婆，他们表演的八卦掌，就是我教的，我才恍然大悟！

1982 年，我还去山东黄县拜师过单香陵先生。单先生最早学的是通臂粘拳，后又拜了六合螳螂拳大师丁子成为师。1933 年，28 岁的单先生曾在华北武术擂台赛上，一路过关斩将，杀入决赛，和刘书琴冠军。决赛进行到一半，因裁判给分不公，单先生罢战。此时坐在主席台上的北京行辕主任何应钦和东北军少帅张学良问下面闹什么，得知情况，张学良说："这两位功夫都不错。都给冠军吧。"赛后单先生很佩服刘先生的功力，刘先

刘敬儒 2010 年在北京国际饭店收徒

生已经40多岁了，也非常佩服单先生这样年轻就有如此成就，两人遂成莫逆。后由刘先生出面介绍，单先生又拜李星阶为师，学了形意拳。后来，梅兰芳先生想聘单先生为保镖，单先生不允，于是以朋友相交。单先生原名单丕勋，很绕嘴，单香陵之名还是梅先生给取的。不久后的一天上午，我在东单公园练完拳，正想到各处走走看看。忽然发现东单体育场上有三个人在练拳，走近一看，原来是马汉清先生和李秉慈先生正在跟一位老先生练螳螂拳。老先生60多岁，瘦高的个子，穿着一身黑色的中式裤褂，脚上穿着一双解放鞋，目光炯炯有神。我猜可能是单先生。于是，我就走过去恭敬地问道："您是单老师吧？"他爽快地用山东语气说道："是，您是谁？"我说："我是骆兴武的徒弟。"他说："噢，那不是外人，我跟你老师是朋友，你回去一问就知道了。"我看了一会儿他们练拳，又问了单先生的住处，说："下午，我可能陪着骆老师去看您。"他说："行，欢迎！"

下午，我就陪着骆老师去看他了，在谈话过程中，我表示很想学学螳螂拳，骆老师也同意，单老师就说："行，您的徒弟就是我的徒弟，想学什么都行。"于是，从第二天开始，我就同李秉慈、马汉清一起向单先生学习六合螳螂拳术。单先生嗜武成痴。晚年，把自己家的五间大北房全都打通，黄土漫地，成为练功房，每天练功不缀，单老师的六合螳螂拳真是炉火纯青，左右逢源，圆活自如，不管你怎么出手，都是送上门去挨揍。他的枪棍术更是技艺精湛，堪称一绝。

单老师的子女住在内蒙古包头市，所以也经常往来山东和包头。每当单老师路过北京，都是我和马汉清、李秉慈学习的好机会。1965年的一天，我在中山公园门口碰见了我的叔伯师兄赵砚波先生。他比我大20多岁，是尚云祥（形意大师，曾给大内总管李莲英做过护院）的大弟子赵克礼的徒弟，还曾受过马玉堂老先生的儿子马元基和儿媳赵飞霞的指点，功夫非常扎实。我们一起来到唐花坞，先练一会儿五行拳，然后是连环、八式、鸡形……

赵师兄看了我的功夫后，很高兴地用家乡口音对我说："师弟呀！你

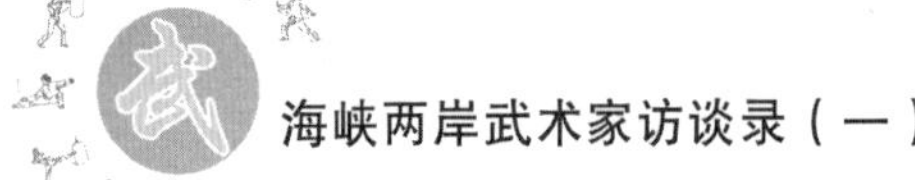

练得不错。今天我教你一套马形吧。这套马形很少有人练，我教给你，算是留个纪念。”我一听非常高兴，就无比用心地学了起来。在这套马形中，除了人们经常练的单马形，双马形外，还有儿马兜裆、白马扬蹄、野马撞槽，信马由缰等。我非常喜欢，也非常珍惜。后来，我经常去铁匠营看望他，他也经常给我讲形意拳。并把他写的拳歌给我看，他的十二形拳歌很有意思，大多是七言绝句，如猴形的“不是飞仙体自轻，若闪若电令人警，看他一身不定势，尽是纵山一片灵。”

后来，单老师听了别人的劝说，心里一活，就把山东的房子卖了，住到了在包头的子女家。很快钱花光了，一辈子刚强的人要看别人的眼色吃饭，窝出了一身病，几乎轻生自杀。我师弟杜金果从包头给我来信，告诉我单老师快不行了。我异常着急，赶紧给他寄去一些钱，给老师看病。后来，杜金果告诉我：“我把你寄来的钱交给老师时，老师已经不能说话了。万没想到，第二天，老师就与世长辞了。”直到现在，我一想到单老师，心里还很难过。

1983 年，第四届全国武术观摩交流大会在南昌举行，我的弟子韩燕鸣、韩燕武都是北京武术队的队员，他们在大会上表演了“八卦掌对打”，他们的对打不是事先准备好套路，而是在场上即兴发挥，也就是真打。当他们表演完后，就来了两个军人，说：“李井泉司令员刚才观看了你们哥俩的表演，对你们的功夫很是欣赏，你们想不想参军，到我们军区警卫连来？”但是他们可能是散漫惯了，就没答应。转年，韩家兄弟又参加了在北京举行的第五届全国武术观摩交流大会，不料，两个不知轻重的年轻人竟因在场上与裁判起了争执，而被取消了成绩，我作为他们师父也受到牵连。当时，我也有点想不通，有些心灰意冷，从此“刀枪入库”“马放南山”，又过起了“两耳不闻窗外事，一心只读圣贤书”的日子。

我的“圣贤书”，就是练武。而且我是越练越觉得自己的功夫离登堂入室还远着呢！想想，李文彪先生一个踏掌无人能接，想想我老师一掌把来人打到墙上又反震回来，想想程有信先生与我老师刚一搭手，就突然转到了我老师身后，让我老师不由得赞叹道：“师叔，你好快呀！”这才是真功夫！所以，我要第二次学艺，在功夫上求真求深。怎么个求真求深？就是从头练起！

从头练起就是转大树，老前辈都说："八卦掌的功夫是转出来的。"确是如此。我终于明白了，为什么祖师董海川，二代尹福、程廷华等人，三代马贵、李文彪、宫宝田、程有龙等人，都强调要"转掌如拧绳"，又怎么在"转掌如拧绳"中去求掌法，求身法、求步眼、求劲力、求功夫，从而达到尹福先生所说的"掌法赢人，身法赢人，步眼赢人，功夫赢人"和程廷华先生所说的"交手时要忽前忽后，或粘或走，或开或合，或即或离，或顶或丢，忽隐忽现，忽然一离，相去一丈有余，忽然一回，即在目前，或以全体之力，或以一手、二指，一指一节之力，忽虚忽实，忽刚忽柔，无有定形，变化不测"的武学境界。

我是从 2009 年开始正式收徒的，之后，我最主要的工作就转到了带徒弟上，到目前为止，我收的正式徒弟已有六七十人，跟我学过拳的人没有一千也有八百。我的这些徒弟，乃至徒弟的徒弟，这些年，在国内国际武术大赛上，拿到的金牌，都超过 100 块了。我还先后到过美国、希腊、意大利、法国、日本、澳大利亚等国传授形意拳、八卦掌和六合螳螂拳。我的一些外国徒弟，跟我学习了之后，不仅在他们国内的一些武术比赛中，屡获冠军，甚至有到中国来参加武术比赛，也能拿到冠军。

2015 年，我成为中国武术九段。3 月，国际武术联合会，在传统的长拳、太极拳等比赛项目基础上，又将男子大刀、形意拳，女子双剑、八卦掌列为正式比赛项目，中国武术管理中心为此举办了一期这些项目的教练员培训班，我被聘为了八卦掌组的总教练。

采访最后，向刘老请教了一下他的养生之道。刘老想了一下，笑道："该吃就吃，该喝就喝，现在我每顿饭还能吃一个东坡肘子，每次喝酒都是半斤二锅头或二两二锅头再加二瓶啤酒。我还给自己编了个顺口溜，"一顿不吃肉，心里就难受，一天不喝酒，腿就不会走。"

从孙式太极拳到孙氏武学

——访孙式太极拳的第三代传承人孙婉容

◎ 郭宗忠　行　曦

孙婉容社长

初春飘过了一场难得的春雪，让空气格外清爽，也许这就是百花开放的春天来临之前的一次洗礼吧！

我们应约来到北京体育大学家属院采访，给我们开门的老人身材单薄、满头银发、笑容可掬，如果不说，很难将眼前这位老人与武术联系在一起。

别看老人身体清瘦，但精神矍铄，耳不聋眼不花，虽已是鲐背之年，但讲起往事，每一件事都能历历在目，回答我们的问题主次分明，仿佛引领着我们进入了当时的情景里。当她演示起太极来，动作轻柔、拳姿优美，一种清风徐来的淡定，一份气定神闲的优雅，让人感受到太极拳那古朴、淳厚的神韵……她就是孙式太极拳创始人孙禄堂嫡孙女、北京市非物质文化遗产项目孙式太极拳的第三代传承人孙婉容。

孙婉容，1927 年生，1951 年毕业于北京师范大学体育系。武术世家子弟习武的不在少数，但名门之后三代，仍传承祖父所创武学的可谓凤毛麟角。作为孙式太极拳的第三代传人、中国当代优秀武术家，孙婉容扛起了传承孙式太极拳的大旗，常年从事孙氏武学的教习。别看孙婉容已 90 岁高龄，她依然投身太极的传承，弘扬孙式太极拳，公益教学不断，几十年如一日，她指导学生的一招一式，给学生做示范，她打起孙式太极拳来，每个动作都感觉从身体内发出一种力量，可刚可柔、可蓄可发，颇有四两拨千斤的气势。

祖父创建孙氏武学体系

孙式太极拳是孙婉容祖父孙禄堂先生在前人武学经验的基础上，得多位顶级名师指导，深研易经阴阳学说，经过自身数十年卓绝的实践与研究而创。他去繁就简，揭示武学的本质与基本规律，进而创立了拳与道合一的武学思想，形成了以体用兼备为特征，以完善人的良知良能为目的孙氏武学体系。

孙禄堂天资聪颖，勤奋好学。他喜爱武术，但并不是一介武夫。孙禄堂上知天文下知地理，奇门遁甲全部知晓。正是他广博的学识，使他深谙文武兼备之道。

孙禄堂（1860—1933 年），名禄堂，字福全，晚号涵斋，别号活猴。河北望都县东任疃村人，是清末民初蜚声海内外的著名武学大家，一代宗师。26 岁时，倚仗形意拳和八卦掌的深厚功夫，只身徒步壮游南北 11 省，期间访少林，朝武当，上峨嵋，闻有艺者必访之，逢人较技未遇对手。孙禄堂晚年，曾信手击昏挑战的俄国著名格斗家彼得洛夫；年逾花甲时，力挫日本天皇钦命大武士板垣一雄；古稀之

孙婉容与本文作者郭宗忠

年，又一举击败日本5名技术高手的联合挑战。故在武林中不虚有“虎头少保，天下第一手”的美称。

“孙式太极拳是武术百花园中的一朵艳丽的奇葩，集形意、八卦、太极之大成，冶三家于一炉，是所创立的优秀拳种之一。我祖父孙禄堂，早年随形意拳大师李魁元及其师郭云深学习形意拳。并师从八卦掌大师董海川弟子程廷华学习八卦掌，其后因照顾病中的武禹襄再传人郝为真，而蒙其传授太极拳学，并赠心得笔记。祖父将三者合而为一，自成一家，人称孙式太极拳。宋世荣在《拳意述真》的扉页上写道‘禄堂仁棣：学于后，空于前，后来居上，独续先宗绝学。’”据孙婉容介绍，孙禄堂的武学思想主要体现在其《形意拳学》《八卦拳学》《太极拳学》《拳意述真》《八卦剑学》五部著作及《论拳术内外家之别》《详论形意八卦太极之原理》等多篇文章之中，故后人把拳与道合一看作孙禄堂先生独特的武学思想，并以此为指导完成形意、八卦、太极三拳合一的理论和修为体系。

“爷爷在北京时，因武功高绝，被肃亲王善耆请到王府，教授拳技。在与肃亲王相处的日子里，爷爷除了教授他武艺外，从无一事请托，还屡

孙婉容在北京体育大学与习练孙式太极拳学生合影

次回绝肃亲王之请，舍弃王府的富贵荣华。因此爷爷的武功、气质和品德令肃亲王极为钦佩。肃亲王常对人赞叹爷爷，说孙禄堂有圣人气质，士大夫亦不能及。”孙婉容说，“先辈郭云深大师对孙禄堂施教，仅年余后，深叹曰‘能得此子，乃形意拳之幸也’。”

孙禄堂正因为文武相通，并与蔡元培、马一浮、胡朴安、汪孟舒等一大批文人交往甚密。这些人也看到了孙禄堂的武技造诣，品德高尚，感觉到他并不是一个练拳把式，而是一个具有文学底蕴的武术家，喜欢与他学习、交流。从中起到互动作用，文助武、武助文，“爷爷在与文人接触交流中也学到了很多，对他提升孙氏武学有极大的帮助。”

父辈传承技艺注重品德培养

孙禄堂膝下有三子一女，在他的指导下，家中的孩子都是德才兼备。孙禄堂思想开明，尽管自己笃好武学研究武学，但是从不勉强自己的子女练武，喜欢练的，就教，不喜欢，也不勉强，都是按照子女的志愿让他们选择职业。长子孙星一本来很有武学天赋，可是成年后变得不再喜欢练武。孙禄堂对此虽然很是遗憾，但是也不勉强。孙禄堂思想开放，不拘泥于旧时代的禁锢，摒弃陋习，第一个正式出版了用作者本人照片作图示的武学丛书，更便于习者仿习。孙禄堂成名早，经济上一直比较富有，但是孙禄堂一辈子不纳妾，始终保持一夫一妻制，夫唱妇随，家风很正。其次子孙存周以他为榜样，紧随而行。

“正是这样没有强烈束缚的家庭环境才得以让孩子们健康快乐成长，这种自由让人心智开朗，家中的环境、自由氛围、文化气质深深地影响着我们每个人。”孙婉容说：“爷爷和爸爸都非常重视学习文化、提高文化水平。三叔被爷爷送到北京的青年会，学习西方文化、数理化英文，取得公费赴美学习的资格。天有不测风云，三叔务滋在一次教授高低杠中，因杠子突然折断，致摔伤后不治身亡。三叔的去世令爷爷极为悲伤，三叔武学天赋极高，三叔的早逝对孙氏武学的继承与发展，都是难以弥补的损失。”

孙婉容的父亲孙存周自然地承担起了传承孙氏武学的重任，而且真能承传父业，还尊其父。

孙存周（1893—1963）是孙禄堂老先生的次子，自幼秉承家教，又敏而好学，深得太极、形意、八卦诸拳之精髓，一生笃技击、好任侠、远浮名，同时代中，武学无人能出其右。

“爷爷在北京，我们在保定，一开始没有时间在一起，爷爷只能给爸爸布置一些基础性训练。爸爸勤奋刻苦，在基本功上，在力量、速度、耐力等方面都是拔尖的。后来于 1910 年举家迁入北京，爸爸有机会正式随爷爷习武，经过三年的系统学习，日以继夜，得孙式太极拳精髓。弱冠之年艺成。”孙婉容说。

孙婉容童年的生活无忧无虑，有幸与爷爷在一起生活，可惜间断的累计也不足两年。孙禄堂去世时，孙婉容只有 6 岁。因此，在她的记忆中更多的是祖父对她的关爱与温情。她回忆说：“和爷爷有很多难忘的时刻，容后详述。”

“在当时的时代，爷爷家的经济条件相当富裕，但爷爷并没有固定的住所，举家搬迁了很多地方。原因则是因为学生多，爷爷要考虑到学生们吃饭、住宿、练拳的地方。就这样，旗守卫、耳朵眼、罗圈胡同等地方我们都住过，每次选择住所也是看学生多少而选择租住多大地方。爷爷一生以教拳为业，广收门徒，弟子遍布海内外。”1888 年秋，孙禄堂决定在家乡河北完县（现顺平县）创办拳社并以流经故乡的蒲阳河命名，称为蒲阳

孙存周夫妇与子女孙叔容、孙季容、孙婉容、孙宝亨合影

拳社。蒲阳拳社是一所以武术为手段、以教育为目的的乡村学文习武的学校。拳社的宗旨，是要求习武者去追求身体和人格的双重完善，即‘完善人民之身心，图以黎庶之振作’。文武兼修，因材施教，以修身、防身、健身为目的。蒲阳拳社教人从修武中，去开发人体本能，从而明识道理，开启智慧，增益修养。教授的内容，以形意、八卦、太极诸门拳械及拳理和中国传统哲学思想为主。

孙禄堂个人的武学造诣颇高，仅就孙禄堂的技击造诣而言，在当时的武林中也是没有任何人能够企及的。次子孙存周得父亲传授。孙存周自称未及父亲武学的十之一二。但孙氏武学体系的大要，孙存周还是基本继承了下来。孙存周对形意拳、八卦拳和太极拳以及孙门短兵中的纯阳剑、八卦剑、太极剑、雪片刀、八卦七星杆，长兵中的八卦奇门枪、六合大枪、方天大戟等皆掌握精纯，功臻化境。孙存周中年后尤其对三拳、三剑、雪片刀、七星杆研究较多，极有心得。大枪的功夫亦深。

孙存周遂访京津及燕赵等地名家切磋技艺，名声大振。不久，孙存周只身南下，南游十余座城市，遍访名师、高手，比较武艺，难遇其匹。南游中被聘任教于江、浙，竟成终身之职。在沪宁杭一带负有盛誉，武林中之奇人异士如秦鹤岐、管子彰等皆与孙存周交厚，盛赞有加。孙禄堂在北方享誉海内外，孙存周在南方声震江南。

孙存周不仅在武艺上谦逊，其开阔的胸襟、坚定的意志更是令人佩服赞叹。1924 年，孙存周在与朋友打台球时，戴着水晶眼镜坐在一旁看报，不料，友人打球时球杆脱手杵在了孙存周的眼镜上，打碎孙存周的镜片，扎伤了眼睛，导致其左目失明。孙存周说：“你这一杆打退了我两百年道行。”虽为戏言，孙存周确实也一度在拳术上萌生退意，非常沮丧、心灰意冷，一度一蹶不振，对外称不再练拳了。但孙存周从心里仍然爱好拳术，师兄弟们也知道孙存周把武术视为生命。于是，在师兄郑佐平的帮助下，孙存周重拾信心，在大家的鼓励下，师兄当靶子，悉心指导，经过长达两年的努力，孙存周信心渐增，通过坚定的思想意志，调整好自己，此后练拳更为刻苦，技艺渐臻化境。而面对造成自己失明的普通友人，孙存周不但没

孙婉容系北京市非物质文化遗产项目孙氏太极拳代表性传承人

有为难他，更是自己到同仁医院治病，没有向友人索取分文。但友人内心十分歉疚，觉得应该花钱用穷人家孩子的一只眼睛赔给孙存周。孙存周坚决不答应，他说，我已经失去一只眼睛，何必牺牲这孩子的光明。既然事情已经发生，就让我自己来承受吧。友人为表歉意，后将一套住宅赠与孙存周，而孙存周也是多次拒绝，不肯收下。直至“七七”事变，孙存周在上海不知情下，妻子一人带着4个孩子，逃难至北京，无家可归时，友人提醒此房可暂时住下，无可奈何之下，竟成为永久的住所。孙婉容说：“爸爸走后没有留下任何财产和麻烦，留下的只有‘德’。父亲说做人首先突出德字，修德为耀，才能有所收获。”

孙婉容说，“很多故事都是听师叔、师兄、姑姑、姐姐讲的，爷爷和爸爸从来不讲自己的荣辱。祖父和父亲总告诫我们，父辈的荣辱都不是你们的。成败与否，都不能成为你们炫耀的资本，也不会给你们带来任何的压力。你们想获得荣耀，必须通过自己的努力，这才是正途。这也是孙式太极拳的风尚所在。”

说到拳术，孙婉容教授更是严谨，她说的最多的一句话是：我知道什么说什么，不知道的决不乱说。父亲怎么跟我说的，我就怎么跟你们说。至于怎么理解，感悟接受，那是另一回事，咱们可以探讨，我愿意跟大家分享。因为分享会带来快乐，孙家一向重德，无德不立。孙婉容说，“自己终生以家训律己，我也是恪守拳缘的。祖父为人正派、尊师敬老，包容宁静，不近仕途，淡泊名利。他的武学人品，侠风义胆，武林中人无不称道。

父亲孙存周先生更是恪守父训，孙氏拳只传有拳缘者，决不滥传。”

孙存周常年在外游历，直至抗战时期，因不为日本人工作而回到家中。所以，虽然家世渊源，但孙婉容同父亲年幼时一样，直至十几岁时才开始从父正式学武。颇有志气的孙婉容把读书之外的时间全部放在了练拳上，每天都坚持练拳，直到80岁还在坚持每天习拳一小时四十分钟。现在，虽已是90岁高龄，但耳聪目明，如今仍笔耕不辍，义教不停，每天还坚持自己习练三十分钟以上，保持着退而不休的状态，这不能不归功于多年来老人对太极拳的挚爱与责任。

谁说女子不如男

孙式太极拳是一种柔和、缓慢适度、曲伸、轻灵为特点，虚实分明，内外兼修的运动，具有防身、健身、养生、修身的作用。孙式太极拳把形与意相结合，“一气流行”，即指的是以意行气，以气运身，行云流水，连绵不断，一伸一缩，一开一合，皆在一吸一呼之间。可以使习练者善养浩然之气，将气训至中和，气固而神自完，祛病延年，健康益寿。

孙式太极拳的特点主要是：三拳合一，将形意拳、八卦拳、太极拳三

孙婉容为发展中国家政府官员实用汉语研修班授课

孙婉容练拳照

拳融合为一体，以一贯之，纯以神行；转身多以开合相承接，这个动作只在孙式太极拳中频繁使用。全套拳中开合式出现最多，足见其价值之重；再是步法，进步必跟、退步必撤、动作敏捷、行步灵活易变，太极一气，中正圆融，是宇宙之本象，太极拳就是练一气之拳，犹如行云流水，连绵不断。孙式太极拳最本质的特性是将形意拳之内外合一和八卦拳之动静合一融蓄在太极拳的中和状态之中。走架时通过活步，重心只可转换，不可上下起伏、不可左右晃动。

说到孙式太极拳就不得不说到孙禄堂的女儿——孙式太极拳的第二代传承人孙剑云。孙剑云（1914—2003 年），名贵男，字书庭，孙禄堂老先生之小女，孙式太极拳第二代代表性人物。1931 年随父赴江苏省国术馆任教。1957 年被聘为中国武术表演赛国家名誉裁判。1959 年任第一届全运会武术比赛裁判长。1983 年，为继承和发扬其父的武学体系与武学思想，恢复其父曾创建的蒲阳拳社活动，并将该组织更名为蒲阳同学会。同年创立孙式太极拳研究会，被选为会长，并出任北京市形意拳研究会的第一任会长，北京市武术协会副主席。孙剑云先后撰写了多部与孙式太极拳有关的著作，还录制了教学录像带、光盘等。

与姑姑一样，为了传承孙式太极拳，由孙叔容主持，带领师弟李填泽、妹妹孙婉容、弟孙宝亨等合编《孙禄堂武学大全》简注；又带其妹、弟合编了《孙禄堂武学大全》增订本，《孙式太极拳竞赛套路教与学》等书。

孙婉容还开办孙式太极拳学习班，并为日、美等国来访的太极拳代表团授课，还曾在外出工作间隙为外省市练习者进行辅导，应中央电视台邀请拍摄了《孙式太极拳传统套路、简化套路以及竞赛套路》的教学录像带，在中央电视台五套播放了两个月。而今通过网络、微信群等进行义务教学。

“孙式太极拳，简约到极致。再加一点都多，去一点都少，恰如其分刚刚好。拳法没什么难掌握的，顺其自然地学习就好。”孙婉容说：“太极拳经过几百年的演练才形成了各个拳种，孙禄堂来得最晚，但他能集其所学结合自己的创新立说，创建了《太极拳学》。去掉了危险动作和对身体有损的动作，式简易学，无论年龄、男女、身体强弱，只要有行动能力的人都可以参与习练。爸爸告诉我，太极拳是防身健体、修身养性、健康身体，全面健身的项目，一定会风靡大地，现在太极拳五大流派已经风靡世界。”

孙式家训中还有一则，只给予，不索取。用当今话语来说就是“只懂付出，不问索取”。孙婉容说：“祖父和父亲教学，从来不贪图能有回报。只要看到对方是可造之材，便会悉心传授。我在多年义务教学过程中，深有体会，大家得到健康，我也得到给予。只给予不索取，其快乐无比。这非常符合2008年北京奥运会——‘我参与、我奉献、我快乐’的精神内涵。”先辈们有着多么超前的思维呀！

“父亲曾说，我们要继承和发扬的不是孙式太极拳，也不是孙禄堂，而是太极拳学，弘扬太极学要思想开阔、具有前瞻性，与时俱进，科学越发达，越证明太极拳的科学性，越值得推广。”如今，孙婉容已桃李满天下，练习孙式太极拳的爱好者不计其数。

2011年11月9日，孙式太极拳已被评为北京市级非物质文化遗产保护项目。孙婉容被评为该项目代表性传承人。孙氏武学体系首次历史性地使武术从一种搏斗技能升华为一门修身实学，从而极大地丰富和完善了中国传统文化的组成结构。

孙氏武学体系是对当时武学全面的总结与超越。如今，经过一代代人的传承和发展，她不再是一个什么门派，而是代表着传统武术研修的文化成就，也成了人类优秀的文化遗产和民族的瑰宝。

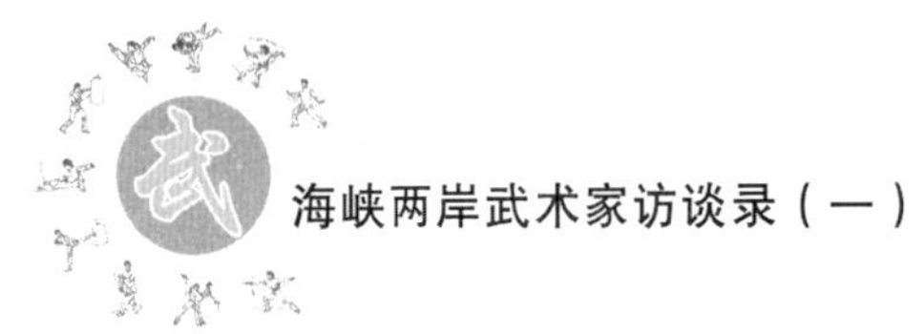

有一种伟大只为坚守

——记吴式太极拳第四代传人李秉慈的太极人生

舞象身恙结太极，七十余载铁杵功，
吴氏柔化主旨意，传与后人无量功。

◎ 尚建国　吕振亮

李秉慈

上述七律诗以二十八个字精准地概括了李秉慈老先生与太极拳从结缘到相随相伴的几十载岁月。李秉慈，1929 年生于北京，吴式太极拳第四代传人。在 1946 至 1982 年 46 年间先后从师杨禹廷、常振芳、史正刚、骆兴武、单香陵、刘谈锋等名师，学习太极拳、器械、推手、查拳、大悲拳、形意拳、六合螳螂拳、程派八卦拳等。到 2017 年，老先生也已经 88 岁的高龄，虽是耄耋之年，但耳不聋眼不花，身体颇为硬朗，两目炯炯，嗓音洪亮。谈到自己钟爱一生的吴式太极拳，老先生对每一个事件、时间、地点及人物依旧记忆精准、脉络清晰。通过老先生讲述他几十年如一日坚守吴式太极拳，使我们能够一窥太极拳的魅力及吴式太极拳所独有的特质。

舞象之年　初结太极

每每谈及自己的师承，李老总是显得非常兴奋。对师门的记忆如数家珍，对师门传承情况他都能娓娓道来："吴式太极拳源自吴全佑祖师爷的传授，后经过其子吴鉴泉和北京的王茂斋这两个徒弟的大力发扬，创建了吴式一门。因后来 1928 年，吴鉴泉师宗南下上海，王茂斋师宗担起了吴式太极拳在北方发展的重任，在北平智化寺、东堂子胡同等处辅导弟子、拳友们练拳。在当时又有'南吴北王'之说。我的师父杨禹廷老先生就是打北京这儿师从'北王'王茂斋师宗学的拳，在练拳之中又得到了'南吴'吴鉴泉师宗的亲身指教。师父杨老这个人特别勤奋努力，因而日臻化境，武术技能和个人境界非常高。"

说到与吴式太极拳的结缘，就不得不提李老先生年轻时的一段经历。李老小时候身体不好，12 岁时一度严重到咳血，连续几年病情的反复让他及家人十分苦恼，待及 16 岁时不得不休学回家养病。1946 年，李老结识了太极研究会的周慕纯老师，经他介绍，加入了太极拳研究会。第二年，拜入吴式太极名家杨禹廷门下学太极拳，成为吴式太极拳的第四代传人。通过长时间的练习，慢慢的李老的眩晕吐血等症状就逐渐消失了，习武 10 年后，身体完全恢复正常。

1978 年 12 月，在国际俱乐部前的结业照。左二为马达加斯加大使，被誉为好好大使

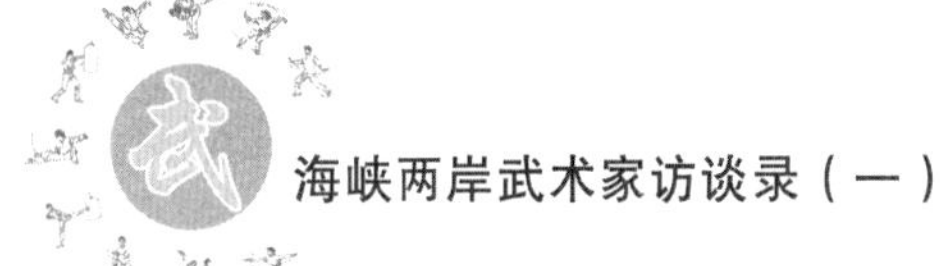

待身体恢复健康之后，李老也逐渐将练习太极拳融进自己生活的一部分。回忆当年如何拜到吴式门下的种种细节时，李老显得分外高兴，两眼炯炯有光，洪亮的声音仿佛穿越几十年的阅历带我们回到了那个年代：

“拜师就有拜师典礼，拜师典礼不限日期，但在拜师之前投拜师门的人首先确定其习拳的意愿，必须得愿意练习太极拳，然后找一个门里比较有威望的人引荐方可入师门。每个入门弟子都有一个拜师贴，上面会写明谁是引荐人，拜师人的姓名、住址及家庭等情况，这个拜师贴就相当于每个人在门里的证明。拜师当天要请同门的师兄及德高望重之人参与，师父和师母坐在中间，入门弟子要给师父和师母磕头。磕头也有讲究：要跪拜磕头，磕头三个，行三拜九叩礼。磕头完毕，师父会给徒弟打赏。经过拜师礼之后，你就正式成为门里的学生了，当时还有《同门录》，也会详细记录每个师门里的学生情况，以便于师门传承有序。”

讲完这些细节之后，李老先生还十分认真地告诉大家：“那个拜师贴的原件我还保留着呢。算一算也有七十多年了，不为别的，就想留个念想，让我的学生对那个阶段的历史有个了解。”这几句看似平淡的几句话道出了李老先生对师门的敬重，对徒弟的负责。拜师贴能从硝烟动乱中保留下来实属不易！李老特别注重历史材料的存留，在他那里还有有关吴式太极拳的资料和照片等，都很珍贵。

拜师礼之后，才能成为师门里的正式一员，相当于有了组织，在外面就可以称为某某门派某某人的徒弟。在当时武林界，大多注重师徒关系及师门传承，有了门派之后，在某种程度上才能被武林界的同仁们承认，自己也才能够真正的有归宿。

“回首我的人生，从我 16 岁初次接触太极拳，到进入吴式太极拳的师门，便与太极拳结下了不解之缘，这一结就是一辈子！我这辈子也只做了这一件事情，想想自己走过的每一步，真是不容易啊。”李老感慨地说。

坚苦卓绝　砥砺德行

李老指出太极拳最大的特点就是慢，练就这门拳法很考验一个人的心性。而吴式太极拳的拳法更讲求慢，需要慢到极致，甚至需要“一慢到底”。其最大的特点就是“柔化”，要轻松自然。吴式太极拳因为有“南吴北王”之分，因此在习拳的过程中也应注意其区别：北派架子大，南派的架子小。练拳时需要谨记“轻、柔、正、整”四个基本要领，要从内外两方面放松，内就是精神层面的放松，外就是身体各部分如肩、肘、腕、胯、膝各部位协调有序，向下放松，松要结合人体的生理特点，松是整体的，是一种“合”的放松，向内收。在这个过程中，顶必须是向上领的，松中求开展。练拳时一定要“沉”，要“松”；整体上也还有顺序问题。比如说一个转身，要先把腿部放松，心意柔和，再一转身，整体上很轻柔。但如果腿部还没有放松就转身，整体上就僵化了，弧形再大、动作再慢也不叫柔。因为前后相顶，用劲不协调，就出现了三角动作。太极拳是不同程度的弧形组成的，所以处处要有弧。在吴式上，弓步步法要求两肩、两胯要正。“整”是在松、柔、正的前提下完成的，不能单独来看。松的时候如果僵硬了就不会整，上下肢，包括步法、手法，内外要完全一致，在“整”中还要注意眼神的因素，动作和手法，向前推出去或收回来，眼神是否能够配合，眼神与动作合是内外两个合的组成部分。因此练吴式太极拳需要全身心地由内到外的放松。

李老开始习练太极拳的时候也是从上述最基本的情况入手，他的师父杨老在漫长的练拳过程中总结了很多经验，将吴式太极拳拳法概括了三个论，即“方位论”：实际上是圆周问题，太极是圆的，实际指的是阴和阳的问题，这是根本问题，然后是虚实，是动静等动行、变化等；“奇偶论”：把动作和奇偶数对应起的关系，使奇偶数符合开合屈伸的要领，就是分动作教学法，凡是奇数为开，偶数为合，还跟身体的其他要领相协调。这样就把很复杂的一套拳法简单化了，使每一拳式都有清晰的起止点；第三个论是“八纲论”，就是八个字：“曲、伸、俯、仰、起、落、进、退”。这八个字概括了吴式太极拳的基本技术特征。

李老就在杨老师的这些理论指导下开始习拳，一练就是七十余年。在漫长的习拳的过程中，李老本人非常努力，不放过任何可以习拳的机会和时间。他讲过一件至今都让他记忆深刻的事情：“文化大革命”时期，那

1978 年摄于杨禹廷老师家门前

段时间李老只能蹬板车给东城区售菜点送菜以养家糊口。有一年，单香陵老师去包头探亲，暂住北京教授六合螳螂拳，机会很难得。李老师特别兴奋，为了练拳，他每天蹬完板车就换上单车，饿着肚子赶往单香陵老师的住处学拳，直至深夜，虽然当时很辛苦，但李老乐在其中，即便生活再艰难，也阻挡不了李老练拳的热情。

“虽然习拳十年之后我的身体就已经彻底好了，但慢慢的就发现太极拳是我每天必做的事情，要一天不习拳就觉得好像缺了点什么，一天不习拳就不习惯。”李老高兴地说。

如果刚开始习拳是由于健康，那可能并非出于对其的热爱，但习拳十年之后还在继续，那只能有一个答案：骨子里的那份热爱。直到最后对太极拳产生了很深的感情，用李老的话说，那不但是一份热爱，更是一份责任，一份要将太极拳传承下去的责任。这种意识直接来源于自己的师父杨禹廷先生。杨老先生在武术界人品和德行都很好，在武术界的人缘很好，人也很随和并且心态好。在当时的武术界有部分人对武术高低、门派上下等颇有争论，还有部分吹牛之风也比较盛行。但是当时杨老先生为人低调，平时说话不多，也不对别人评头论足，不说武术界同仁的长短，境界和涵养很高。老人家一生没有惊天动地的故事，无论是对自己的徒弟还是对武林同仁，都是在平常的点滴生活中来展现的。正是这种师门的风气，影响了李老一辈子，到现在李老也是一位话语不多，但讲什么都是实事求是，从不怀挟偏见。无论是当初的初入师门，还是后来的继续追随师门，李老拜在吴式门下，跟定师父都是自愿的，用李老自己的话说，那是变相的血缘关系，是发自内心的。

李老讲，吴式太极拳的整体特征就是柔化，讲求的是以柔克刚。这个和《易经》里面所讲的阴阳五行相克相生是一个道理。怎样理解这个“柔”字？它既是技术层面的东西，又是做人的道理。只有内心真正谦虚、真正以平常心对人对事，内心才能平静，才能够从内涵上理解“柔”字。李老的师父杨先生用自己的人生经历向自己的学生诠释了做人“柔化”的处事风格：内收、谦虚，不轻言他人之过，人前不评论他人是非，只有内心能够柔下来，打出去的拳才能柔和，才能以柔克刚，也才能达到内外兼修的目的。

“练拳的同时也在练人！师父杨老的做人做事方法一直都在影响着我。他老人家在学拳的过程中那股刻苦劲儿我至今都还能想象到。他讲艺精必须功勤，这个我在教学生的时候也会告诉他们，如果谁想学，我就会告诉他们要拿工夫换功夫，不要光动嘴皮子。同时，我也告诉我的学生，习武的人应该先修德，学拳需要先做人。不要只看到自己的长项，也不能说他人的短处。”

朴实的话道出李老的谦虚、认真和对太极拳的严谨态度，处处透露着“柔化”的特质，无论你给他说到哪一位前辈或同行，他都赞不绝口，这个功夫好，那个德行高，这个能吃苦，那个造诣深，所说的都是别人的长处，一说到自己，他总是轻描淡写，找个借口，一带而过。再追问他就会回答：“这些事，我不好说，还是让别人去说，让历史去评价吧。”

传承后人　身体力行

李老以技立身、以德润拳、在太极拳的一方田地里耕耘不止。他从吴式太极拳要求的“斜中寓正，川字步形”告诉学生练吴式太极拳的要领：要从斜中求正，要做到“三尖相对”，膝盖、脚尖、鼻尖相对，前额也要和这三尖在一条垂直线上。两肩是正的，没有斜，两胯也是正的，虽然从局部看好像就是斜的，但实际上还在“正”。在步形方面结合“川子步”

李秉慈（右）与本文作者尚建国（左）

即讲求动的步法和定型。陈式多斜行步，方向变化大；杨式是弓步，前后的重心是由陈式慢慢变化过来，由马步到弓步；吴式则是大虚大实，实要实到百分之九十左右，虚也要虚得充分。这样加大了难度，一条腿的完全承重要比两条腿的分担要求严格一些。在技击上有比较大的变化幅度，在力学上“合”的成分加大了，在健身上也有好的效果。如果将这两者结合就可以让后来的学拳人更深地体会吴式太极拳“柔化”的精髓。

“我这一辈子，练功习武，教学传艺，经常与苦乐相伴，苦也好，乐也罢，我都不敢有丝毫的懈怠和疏忽，苦乐兼程了一辈子，但我从来不敢停下脚步，虽然没享着什么福，但是我不后悔，为什么？因为我这辈子没有虚度。”

的确，李老开门收徒，是尽自己最大努力来传承吴式太极拳。在他的世界里，武术是无私的，吴式太极拳的代代传承都是你愿意学，我倾力教授。在李老这里更是。他对学生既严厉又关爱，谁要是一段时间和老师失去联系，他会主动打电话询问，通过自己的方式了解学生、联系学生。他还会发动大家相互帮助，有个学生家里遭遇突变，生活拮据，李老慷慨解囊，资助其升学，这个学生大学毕业后，直接留校任教，从此改变了自己的命运；有个学生缺少家庭亲情，老先生则视为己出，除了关注其成长、健康和心态，还经常带其到自己家里，帮助他建立新的生活理念，树立对生活的信心。

但是在学生学拳的过程中，李老绝对是严格的。李老的得意门生刘伟老师曾说过一些他在学拳时候的经历，让人对李老严格教学的一面有了更形象的了解：只要老师教拳，学生一定要注意听讲，认真练习。一个姿势一站就得 20 多分钟，那真是拿戏班的标准来要求自己的学生！刘老师说当时他觉得简直是被“虐待”，注意力不集中也要受罚。那时好多学生都盼着老师能来得晚一点，但是即便偶尔晚来了半个小时，李老都会延长一个多小时来教自己的学生，当时大家都不太理解老师这近乎无情的教授方法，后来才知道，老师是希望通过要求和惩戒把学生自身的潜能调动起来。刘老师相信，每个经历过老师严格训练的学生，都是此生一笔很大的财富。因为李老知道他肩负着传承吴式太极拳的使命，每一分钟都不能耽误。

李老很有责任心，除了传授技术、教育学生做人，李老还很有眼界，他高瞻远瞩，大力支持自己的学生要提升自己的文化水平，鼓励他们上大学，用他的话说，不能当白丁。他告诉自己的学生，要符合时代的需要，就要到更高层次去锻炼。在李老的支持下，十余名学生都进入到体育院校进行深造。有些学生在深造的过程中在拳术上也取得了傲人的成绩，比如刘伟、宗维洁分别连续九年和六年获得全国吴式太极拳男、女冠军，后来又相继培育了王文、王革、王晓燕、景德敏、文静、童红云、冯鸿昆等继续保持男女冠亚军地位。韩亦强等多次创破男子集体跳伞世界纪录。让自己的学生带着技术去上学，只有这样，才能让吴式太极拳代代传承，走得更远。这些优秀的学生现在都在不同的岗位上为太极拳的传承做着自己的贡献。

同时，李老身体力行，不断开拓太极拳的大众健身之路，希望更多的国人参与其中，能够通过练习太极拳来强身健体。老先生在规范和传播太极拳和开拓大众健身之路这两件事情上付出了极大的心血和汗水。1980 年，他开创了全国第一所公办向全民开放的武术培训基地——东城区武术馆，自己亲任教务长和副馆长。将吴式太极拳教授给大众，希望通过这样的途径让大众能够参与到太极拳中。

李老在过去的十几年里不断通过视频教学或者现场教学的方式传播吴式太极拳，曾先后多次到日本、新加坡以及我国香港讲学、教授太极拳，多次接待日本、英国、及我国香港的太极拳爱好者，传授吴式太极拳。同时，李老又将太极拳的精华著成书籍以便于大众阅读学习，如《杨禹廷太极拳系列秘要集锦》《吴式太极拳拳械述真》《吴式太极拳拳照图谱》《简化吴式太极拳十三式》、参编《太极拳全书》参加《四十二式太极拳竞赛套路》和《四十二式太极剑》及推手教程的编审、录像工作，与师弟翁福麒共同编著《杨禹延太极拳系列秘要集锦》《吴式太极拳拳械述真》等著作，并录制吴式太极拳、器械、推手等录像、光盘20余部，发行世界各地。老先生以一己之力来积极推动太极拳的对外发展。

《诗经·小雅》中有两句话是这样讲的：高山仰止，景行行止。如果用这两句话来形容李老师不为过的。但即便如此，在李老的心中此生仍有两大遗憾：一是中国的太极拳发展普及得太慢。如此珍贵的遗产却没有被国人真正认识，成为大众身体力行的活动，实乃民族之憾事；另一个遗憾

1933年同门师生合影

就是武术至今还没有进入奥运会。世界上其他国家的一些运动如马术、冰壶等运动历史并不悠久，但都能进入奥运会的范畴，可我们国家的太极拳却无缘进入奥运会，令人惋惜。这两大遗憾不仅仅是李老个人的，也是整个武术行业的。

李老虽然是吴式太极拳的第四代传人，但他仍像一个勇士一样，用自己毕生的精力和时间坚守在太极拳这片土地上，为整个太极拳的推广发挥着自己的作用，推动着中国太极事业的发展，看着他苍白的头发和岁月在他脸上刻画的痕迹，不免让人对这位将近九十的耄耋老人肃然起敬！相信在未来，李老的传人们能够继续挑起传承吴式太极拳的历史重任，为中国太极事业的发展做出更大的贡献！

莫道桑榆晚，为霞尚满天。李老已经88岁的高龄了，还在为太极拳的传承和发扬做努力，当为后人楷模，愿李老健康长寿！中国有一批像李老这样的人在坚持中华武术的传承，相信李老的两大遗憾最终都能在后来人的努力下将其转变为现实，让太极拳成为全民性质的运动，并且最终走进奥运会，走向更宽广的世界舞台，让这份民族非物质文化遗产更多地展现在世人的面前，壮哉我中华！

太极丛中绽德华

——武术家李德印先生的“布道”之路

◎ 王德兴　张兆鑫

李德印老师

太极拳是最能代表中国传统文化的标志性武术项目。在健康中国，全民健身的大潮中，如何进一步把闪耀东方神韵和民族特色的太极拳发扬光大，是每位武术人义不容辞的时代课题。

李德印，这位80岁的“太极老人”，用他毕生的努力与探索，走出了一条识道——悟道——布道——弘道的太极之路，谱写了一曲“不要人夸好颜色，只留清气满乾坤”的人生凯歌。

识道：“秀才”从武续祖业

坐落于北京海淀区远大中路世纪城一栋居民楼中，就是著名的太极拳家李德印的住所。

中等身材的他，虽八十高龄，但浑身上下洋溢着年轻人激情，从他所佩戴的眼镜中，不时流露出儒雅气息。他就是我们今天访问的主角李德印。

圈内人都知道，眼前这位老者曾获“中华武林百杰”“中国武术九段”“全国优秀裁判员”“国际武术裁判”“国家级社会体育指导员”等诸多荣誉，身为中国人民大学教授、中国武术学会委员、原北京市武协副主席、北京市大学生武术协会主席。在来访者看来，拥有如此重多光环的老人，注定是一位“高人”，但李老却戏称自己是“家庭秀才”“无印良品”。

何出此言？这还得从李德印的家庭说起。1938年李德印出生于原籍河北省安新县圈头村，四周被白洋淀湖水环绕。自古燕赵多武士，本来李家世代务农，到了李德印爷爷李玉琳，改变了李家命运。李玉琳三岁丧父，系李家的独生子。母亲担心他不能成人，在李玉琳很小的时候就送他习武，期盼保儿子体魄强健，维系香火。不料儿子从此走上弃农从武之路，成了李家第一代武师。李玉琳师出名门，先后拜武术大师郝恩光、孙禄堂、李景林学习少林拳、形意拳、太极拳、八卦掌、武当剑等武艺，历任天津中华武士会和扶轮中学教师，上海尚德国术馆馆长，山东国术馆教务长，哈尔滨太极拳社社长，被誉为“东北地区太极拳开拓者”。李德印的父亲李天池集武艺与医术于一身，以太极拳、按摩、气功治疗病人，是哈尔滨医科大学附属医院体疗科著名医生和拳师。叔父李天骥荣获“中国十大武术名师”“新中国体育开拓者”奖励，曾任国家武术队第一任总教练，由他主编的“简化24式太极拳”“32式太极剑”风靡全国，传遍世界。

李德印和爷爷

李德印出生的年代正值日本侵华时期。1940年日寇疯狂扫荡，不满三岁的德印被母亲抱着，随乡亲们躲进密不透风的芦苇荡。因为担心孩子的哭声暴露目标，有人强烈呼吁舍孩子保大人，把孩子扔进

河里。母亲强忍着周围的压力，紧紧地抱着孩子不放，神奇的是小德印竟然没有哭叫一声。每当回忆起那段经历，母亲说是“老天爷显灵”，李德印却说“是妈妈给了我第二次生命，没有妈妈的坚持和爱，我活不到今天”。

1941 年，由于日军的扫荡日益猖狂，河北老家很难生存，李德印随父母投奔在哈尔滨开武馆的爷爷。爷爷的武馆里常年悬挂着四个人物画像：达摩、张三丰、岳飞和关羽，李德印至今还能清楚地回忆起爷爷给他讲画像上的人物故事：“达摩是少林派的祖师爷，张三丰是武当派的祖师爷，岳飞是形意派的祖师爷，关云长是所有武术派忠义的祖师爷，被尊为武圣……”这些画像故事成了李德印孩童时代认识世界的启蒙，也开启了他的练武兴趣，小德印总是跟在大人后面，舞刀弄棍，玩个不停。

上了小学，爷爷李玉琳给家里的三个男孩立下了“白日习文，夜晚习武”的规矩，每天下了学先练拳，后吃饭。从踢腿、压腿开始练起，接着是形意拳三体式、五行拳、少林拳，虽然动作很简单，但是需要认真反复地练习，直到满头大汗爷爷叫停为止。爷爷说形意拳老前辈，一趟劈拳打了三年，半步崩拳打遍天下，靠的就是拳打千遍，要到脚掌磨出茧子，脚下有玻璃碴子也敢走的程度，才能练出功夫。在爷爷的监督和手把手指导下，苦练持续进行了十二年，直到中学毕业。正因为这实打实的十二年“童子功”，奠定了李德印一生的武术基础。

虽然李德印生长在武术家庭，但是家族对他的期望并不在武功上。李老介绍说“爷爷特别希望我们李家能够出个文化人，最好也出一位‘秀才’，在学问上有所建树，改换一下李家的门庭。这大概是李玉琳为孙辈定下“白日习文，夜晚习武”规矩的初衷。

1948 年，由于解放战争爆发，爷爷关闭了武馆举家迁往天津，随之李德印开启了天津读书生涯，在有名的天津一中度过了六年中学生活。当时这个学校是清一色的男生，李德印不仅是班里的班长，还是全班的学霸。这个肩负全家希望的男孩，最终在 1957 年以优异的成绩考上了中国人民大学经济管理专业，成为人民大学第一届招高中生其中的一员，也是李家历史上第一个大学生。在 20 世纪 60 年代能够考上中国人民大学，无疑证明李德印是非常优秀的。因为人民大学是新中国建立的第一所大学，以培养经济、法律等战线的人才为主，享受单独招生的特殊待遇。当时李德印的理想是毕业后能成为一名经济学家。

在人民大学，李德印的运动天赋得到了全面展示。他在学校是优秀的短跑跨栏选手和摩托车运动员，还代表学校取得了北京市大学生太极拳比赛冠军。在1958年大跃进中，多次打破学校田径运动记录，在随之而来的三年困难时期，李德印把系里的同学聚在教学楼前面打太极拳，在他身边带动了一大批武术爱好者，在校园里掀起了一股太极拳热。终于，他的体育才华引起了校方的重视。1961年李德印毕业前夕，学校决定在体育课中增设太极拳内容，聘请他毕业以后留校做体育教师。

当李德印将这一消息告知全家时，他内心有些犹豫，毕竟全家都对他抱有改换门庭期望。但是出乎意料，全家对他留校任教一致支持。爷爷说“李家的武术衣钵后继有人了”。父亲说“新社会行行出状元，教武术也能光宗耀祖”。叔叔说“武术进校园大有可为”。就这样，李德印顺利地走上了弃文从武道路，成为了李家第三代武术传人，开始了他武术事业的人生。

悟道：教拳育人勤耕耘

在学校里教授太极拳与社会教授不同，太极拳作为中国传统的民族体育，一直在民间，以收徒方式单线传授，大学的体育课则是有固定模式的集体教学。不少人认为太极拳“神秘难学”，拒绝将它列入体育课的范畴。还有人认为太极拳是不折不扣的“江湖体育”“老年体育”，根本不适合大学生。因此，太极拳在大学体育中长期被冷落。

太极拳因谁而来，为谁而去?

夜深人静之时，李德印常常思考问题，不再是想那“一招一式”，他想得更深刻，更长远，开始了守静笃的悟道，首先是教拳育人之道。李德印认为校园太极拳绝不是江湖体育，而是传道、授业、解惑，传授健身本领，传承民族文化，培养学生德、智、体全面发展的民族体育。太极拳动静结合，松柔自然，身心双修，意气引导，是中国太极阴阳学说、中医养生理论和道家养生功法在武术健身领域的体现。大学生面临诸多方面的压力和挑战，更需要太极拳放松身心。太极拳不仅是老幼皆宜的安全有效的健身手段，它蕴含的文化哲理，能帮助年青人养成以静制动，以柔克刚，从容镇定，随曲就伸的人格，成为人生的宝贵财富，使年青人终身受益。作为一名中国大学生如果不了解中国武术和太极拳，绝对是中国体育教育的失误，也是民族文化传承的缺憾。

李德印的悟道还包括爱岗敬业之道。老子说“知人者智，自知者明”。李德印深感自己武术源于家传，既是优势也是局限，做一名大学武术老师，绝不能一叶障目，不见泰山，一定要打破武术门派和家传局限，学习百家之长。

这时候李德印喜欢上了《道德经》。“一生二，二生三，三生万物”，“以天下之至柔，驰骋天下之至坚”。他决定利用一切机会学习，不断充实自己。走出去向民间拳师学习；到体育院校听课学习；向身边的体育老师学习；向中国文、史、哲等国学经典学习；向体育理论、运动生理、运动解剖、生物化学、生物力学各门体育基础课学习。那是忙碌、紧张又快乐的日子，因为每天都有新的发现和感悟。

在学校领导下，人民大学体育课增加了太极拳、太极剑、初级长拳等内容，课余时间开展了以打拳、做操、跑步为主的体育活动，每天清晨和课间，随着太极拳音乐翩翩起舞，成了大学生校园生活重要内容。两年以后人民大学校园太极拳的普及率达到90%。李德印执教的学生武术队在第四届北京市大学生武术比赛中一举夺得13块金牌和男女团体总分第一名。1964年，李德印在全校学习雷锋纪念大会上作为青年教师代表发言，题目是《干一行爱一行，做永不生锈的螺丝钉》。

李德印这一代人真是很美很美，美就美在他们人性完善，悟道求真；美在他们敬岗爱业，埋头实干；美在他们水滴石穿，永不生锈。

布道：薪火传承暖人间

太极拳源于民间，植根民间。为了探求太极拳真谛，李德印数度拜访少林寺、武当山圣地；多次向徐致一、李经梧、孙剑云等前辈学习陈、杨、吴、孙各式传统太极拳；整理出版“武当太极剑”“杨式太极剑”等传统武术教材。他还参加了武术主管部门组织的 48 式太极拳、42 式太极拳、42 式太极剑以及各式传统太极拳竞赛套路的主编和审定。他希望太极拳更好地发扬光大，万众参与，多方来贺。

李德印（右）与本文作者王德兴（左）

1974 年北京市体委组织成立太极拳辅导站，聘请李德印做教学指导小组组长，从此他成了北京市群众学练太极拳活动的总教头。在他的努力协助下，全市建起了 200 多个辅导站，培训了上千名辅导员，每天清晨这些辅导员分布在各个公园、广场义务指导，受到群众热烈欢迎，很快参加辅导站晨练的群众超过 3 万人。随着年龄的增长，李德印辞去了很多社会职务，但是唯独这项义务辅导太极拳的工作，他现在仍旧坚持。

他教授太极拳因人而异：针对青年人记忆好，贪多求快的特点，他从基本功，基本规格上从严要求。对年纪大、体质差的人他以鼓励为主，树立他们的信心和勇气，注重健身效果。这样的辅导教学日复一日，常常是李德印骑车从西郊人民大学到东单体育场、天坛公园，下课后再骑车返回西郊至少两个小时，别人问他累不累，他反倒笑呵呵地说：“不累，我和大家一样也需要锻炼身体。再说，我陪着大家练，大家陪着我教，也使咱们的生活更丰富多彩嘛！”

2001 年，李德印受北京市老年人体育协会之托，创编了“太极功夫扇”，第一次亮相是 2008 年在天安门广场表演，为北京申办 2008 年奥运会助威。2009 年 3 万多人在北京鸟巢再次集体演练，创下了吉尼斯纪录。

普及太极、大众健身，既是时代需要，也是太极拳主旨。古拳谱记载：“武当山张三峰祖师遗训：愿天下豪杰延年益寿，不徒做技艺之末。”在现代都市的紧张生活中，李德印以自己的方式为千家万户送去健康，把教好太极拳造福大众，看作自己的天职和对社会的回报。他辅导了一批又一批太极拳社会辅导员，广大太极拳爱好者称他为“辅导员的辅导员”。

李德印始终有一个夙愿，那就是使传统的太极拳比赛与现代体育接轨。他是最早一批获国际武术裁判员称号的人，证书是005号。担任中国武术协会裁判委员会委员职务数年之久，为使太极拳比赛不断完善，他多次参加了太极拳和武术竞赛规则的修订，坚持比赛要有明确的评判标准和科学的评分方法。他认为作为竞技太极拳，必须确定各个门派太极拳的共性，制定出所有人都要遵循的标准。只有确立竞技的标准和可比性，才能推动太极拳比赛的现代化和国际化。42式太极拳竞赛套路的设计被国际比赛接受，证明了李德印的武术观点的正确与价值，他也因此得到业内人士的普遍认可。

李德印示范太极剑

在担任运动会武术比赛裁判长期间，他反复强调裁判员要公平执法，不打平衡分、人情分和印象分，坚持杜绝武术比赛中的一切不正之风。李德印的高尚品行，赢得了所有参赛人的尊敬和爱戴，为此，他数次获得了国家颁发的优秀裁判员称号。

1990年李德印担任亚运会国家武术队太极拳教练，对集训运动员严格训练，要求大家做到规格准、动作稳、形象美、质量高，培养了陈思坦、苏自芳、高佳敏等多位世界冠军。

2013年李德印被《中华武术》杂志评为“三十年最具武术影响力的人物”，获得“社会贡献奖”。在对他的颁奖词中这样写道：李德印出身武术名门望族，执教著名高等学府，主裁一系列重大国际、国内赛事，参与编纂、制定众多规定套路、推广套路，为武术的规范化、科学化发展作出突出贡献。他著作等身，无数读者以他的图书、音像制品作为桥梁，进入中国武术的美妙殿堂。他被称为“中国武术的黄埔教官”。

风雨几十年，李德印从一名“家庭秀才”，脱颖成为最具影响力的武师，是他悟道、布道的结果，是他把曲高和寡的太极拳与青年学子、平民大众成功结合的结果，把继承与创新、普及与提高完美结合的结果。

弘道：全球共唱太极歌

太极拳是中国的国粹，也是造福全人类的瑰宝，李德印多年来一直致力将太极拳推向全世界。

早在1975年，他就和几位老师在北京国际俱乐部开办了太极拳学习班，参加学习班的学员是各国驻华使馆的官员、专家、商人和他们的家属。在两年的时间里，先后有50多个国家的400多名外国友人参加了俱乐部的太极拳学习。马达加斯加驻华大使通过学习太极拳，了解其背后的文化内涵和民族特色后，对此赞不绝口，直呼“历史上中国荔枝传到我国，成了马达加斯加人民喜爱的水果，今天我要把太极拳带回去，使它成为我国人民喜爱的运动”。时任美国驻华联络处主任老布什的夫人，后来成为美国第一夫人的芭芭拉，参加了学习班。她在结业典礼上代表美洲学员做了汇报表演。正是由于这些国外的社会名流加入，扩大了太极拳在全世界的巨大影响力。

1981年，李德印受北京市对外友好协会的派遣赴东京传授太极拳。这次的东京出访，让他与日本太极拳爱好者结下了深厚友谊。此后30年，李德印几乎每年都要到日本教学访问，向他学练太极拳的人成千上万，上至日本首相、议员、自民党干事长，下至平民百姓、青年学生、家庭主妇，李德印成了日本太极拳爱好者家喻户晓的人物。一位83岁的日本老妇人拉着他的手感谢地说："中国太极拳治好了我的脑软化症，使我重新站立起来，我要争取在88岁时亲自到北京天安门练一套88式太极拳"。

日本运动员森田久子，从一名普通家庭主妇和太极拳爱好者，拜在李老门下，经过李老的耐心教授及她本人的不懈努力，一举成为日本全国比赛和亚洲武术锦标赛的太极拳冠军，充分证明了李德印的训练水平和魅力。1982年前日本首相铃木善幸到中国访问的时候，特别约见李德印等老师到下榻的钓鱼台国宾馆一起打拳，成了两国报纸的重要新闻。1990年在亚洲运动会开幕式上，李德印成功地指挥了1500名中日两国太极拳爱好者联合精彩表演，开创了太极拳大型国际合演的先例。同时，在亚洲和全世界范围内展示了中国太极拳的风采。

除了日本外，李德印还到英国、美国、瑞典、瑞士、台湾、香港、澳门等地多次传授拳艺，澳门行政长官何厚铧在欢送宴会上向他赠送了银盘，对他表示"欢迎你再来澳门帮助我们提高太极拳水平"。李德印就像一团永不熄灭的火焰，毕生都在为推广中国的太极拳事业发光发热，真正做到了衣带渐宽，终生无悔！在告别之际，李老送给我们一首自我明志小诗："八十老叟未下鞍，薪火传艺步前贤。盛世老骥勤励志，神州健舞太极拳！"

在美国教学晨练（2007）

吴文翰：笔耕不辍的武派太极传承人

◎ 张文睿　李　婕

当我们一行人叩响武派太极传承人吴文翰老人的家门时，开门迎上的吴老，双目炯炯，面色红润，一部银髯飘拂胸前，颇有几分仙风道骨之气魄。在随后的采访交谈中，90 岁高龄的吴老思路清晰，侃侃而谈，讲述了许多有关太极拳及武派太极拳的往事，实在让人叹服。

吴文翰

吴文翰，字润章，1928 年出生，河北省南和县人。年少时在邢台拜武术家李圣端为师，学习传统武派太极拳。1949 年吴文翰赴京入中央公安干校第一期学习，后分配到公安部战犯管理部门工作，1952 年调入北京市公安局。1979 年吴文翰进入了隶属司法部北京市监管部门，后调入同系统干训队（后改为北京市劳改警察学校），历任教员、教务部主任、大专部主任等职。

1990 年吴文翰离休，开始从事太极拳、武派太极拳的历史文献研究、整理及推广工作。先后应聘任《武术健身》《中国太极拳》《太极》《武魂》等杂志编辑、编委，陆续发表了百余篇武术学术性文章，撰写出版了《武派太极拳体用全书》《吴文翰武术文存》《太极拳书目考》《澧阳村舍旧作残编》等著作，对武派太极的历史沿革、拳理功法做了详尽的介绍。

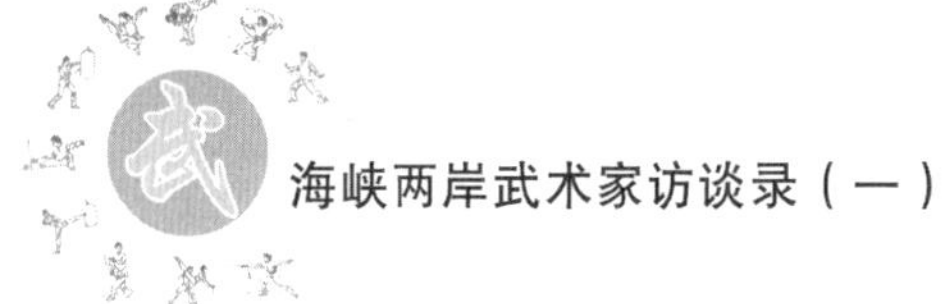

被誉为“武林一枝笔”。

少年习拳而结缘武派

吴文翰的老家虽是河北省南和县，但是在邢台市长大的，距著名的太极之乡永年县很近。清末民初，太极拳在这一地域，非常流行。

吴文翰的父亲是中医，在给人看病的同时，也做一点生意。父母都愿意他练拳，希望他的身体能壮一些。吴文翰七八岁时，有个邻居大哥，比他大十几岁，常在院子里练太极拳，吴文翰就在他后面跟着比划。

吴文翰正式练习太极拳，是在1939年。老师叫李圣端（回族），是永年太极名家郝为真的入室弟子。吴文翰家离李老师的家很近，李老师家在巷子口住，他的家在巷子里面住。

当年，邢台地区管太极拳叫十三势，也叫开合架。吴文翰是在一个冬天开始学的。早上在东岳庙大广场学，晚上在老师家里练。老师教拳是很严格的，一个动作，一个动作地教，一个不会不教下一个。“我记得我小时候学拳，一个懒扎衣学了六、七天。不要看动作简单，里面的要领很多，如果现在让我讲，这个动作可以讲一天。”在此之前，吴文翰在邢台南关东阁外读小学。

1988年11月和《武林》编辑梁伟明先生（摄于白云山白云宾馆门口）

抗战初期，吴文翰随父母躲至邢台西太行山下，一个叫库房村的地方，住了一年多。闲时，听鼓曲艺人演唱《响马传》《英雄小八义》等。返回邢台后，在邢台南关马市街龙王庙，吴文翰跟王老玉先生习

《三字经》《千字文》。一年后，在南关小东街颐生堂药栈的里院，随清末举人仝酌泉夫子，读过《论语》《孟子》《大学》《中庸》《诗经》《左传》以及《秋水轩尺牍》《千家诗》等书，学做律诗和八行书。多年后，吴文翰能精读各种与太极拳相关的古典资料，是在此间打的底。

20世纪50年代初，在公安系统工作的吴文翰，有一张北京图书馆的借书证。那几年，吴文翰也就二十二三岁，求知愿望极强。一个月休息四到五天，一到礼拜日，吴文翰就跑到北海附近的图书馆借书。主要是借文史类的书。其中包括太极拳方面的书籍，甚至还有日本的柔道的资料。

当初，北京的公安系统要培养一些政治理论的教员人才，吴文翰是培养对象之一。所以，他的借书证，是一张特殊的借书证，可以借到民国时期的古旧图书、杂志，一次可以借二十本左右，还可以把书带回单位。吴文翰看了不少文史类及武术家的专著，开阔了眼界。为多年之后，倾心研究太极拳理论，奠定了基础。在经历了1957年那段特殊时期之后，吴文翰的生活陷入了困顿。他想学一门手艺，学一门技术。比如，缝旧鞋，比如，修理汽车。可都苦于没有老师，没有师傅领路。吴文翰的父亲说，你有文化，还是学中医吧。在父亲的引领下，吴文翰迈进了中医的门坎。

父亲干了一辈子中医，没两年就把吴文翰带了出来。可吴老始终放不下太极拳，在学习中医的那段时间，吴老也把业余时间献给了太极拳。最后，吴老还是决定深入研究太极拳及其理论，认为太极拳这一古老独特的拳种，具备技击和健身养生的作用，将来一定会大发展，太极拳是有发展前途的拳种。

太极拳是一种整体性的运动，要求“一动无有不动，一静无有不静”。就是通过整体运动，达到能够整体发力的目的。吴老表示，基于这一根本要求，武派太极拳的创始人武禹襄先生就特别重视习拳的质量，基础砸得磁实，才能有好的拳术质量。俗语云：“树从根脚起，水自源处流。”武禹襄出身于武弁世家，本人也熟悉弓马武艺，而射箭能否命中与身法是否正确有很大关系。武禹襄借鉴了李呈芬《射经》中有关身法要点，提出了《身法八要》：提顶、吊裆、涵胸、拔背、松肩、沉肘、裹裆、护肫；到

了第四世郝月如先生又增加了腾挪、闪战、尾闾正中、气沉丹田、分清虚实，成为十三条。各地修炼太极拳术者，虽然各有损益，但基本要求一致。尤其是武禹襄先生手订的“身法八要”，不仅被各地武式太极拳传人视为必须遵守之身法要领，对其他太极拳传人及其他武术也都具有指导意义。在神态上，武派太极拳讲究安舒，要从容，舒展，舒服。但舒展中有紧凑，是完整一气的。打拳时所有的地方都往丹田去，就是紧凑，但架式上是很舒展的，这一对矛盾要处理好。比如单鞭，立身中正，八面支撑，这是舒展，同时，两肘要沉，两肩要松，气沉丹田，手、膝、脚相合，这是紧凑。紧凑不能缩到一起，它和舒展是在一起的，同时呈现。武派太极拳练的时候还要求顺遂。推手中要顺着对方的劲走，自己练的时候也不能拗着自己的劲走。吴文翰讲，古典拳论也不是一下都能搞清楚的。搞不清楚的时候可以先放一放，练练拳，过一段时间，拳有了进步，再看拳论，可能就有了新的体会。

吴老有一个观点非常客观，即许多拳论的典籍是用文言文写的，要研究太极拳，就应该加强一些古文言的修养。如果有可能，还要读一些古典哲学的著作，很多古拳论是以这些哲学著作为依托的。在学习古典拳论过程中，吴文翰介绍说，可以多看几家的注解，再根据自己的体会，确定哪家更准确些。这也是研究古典拳论的一个方法。他有一位朋友，是太极拳的同道之人。他说自己怎么跟自己师父学的，就怎么教给自己的徒弟，中间一点儿也不能改变。吴老的观点，则与之不同。

太极拳的源流与流派

据吴老介绍，永年县是武派太极拳发源地。清末永年人杨禄禅，曾在河南陈家沟，随陈长兴学拳，数载后回到永年，以教拳为生。杨禄禅有位同乡拳友叫武禹襄，他从小跟随父亲习击刺之术。杨禄禅从陈家沟学来的拳术，跟永年当地的大洪拳、小洪拳都不一样，被戏称为软拳、棉拳、滑拳，武禹襄对此很感兴趣。武禹襄就跟随杨禄禅学拳，还资助他回陈家沟继续学。

有一年，武禹襄哥哥武澄清，在一家盐店里得到了一本的《太极拳谱》，把它带回家，武禹襄精研了数年，并写出不少拳论。武禹襄的徒弟有李亦畬、李启轩及杨班侯三人。再传的徒弟里面，最有名的就是郝为真。郝为真在邢台教了不少的徒弟，最著名的徒弟有三位，吴文翰的老师李圣端是其中之一。

1914 年，郝为真回到永年以后，永年十三中学请他到学校教太极拳。1928 年，也就是在吴文翰出生那年，邢台成立了国术研究社。由邢台的苗县长担任馆长，吴文翰的老师李圣端任副馆长。

教拳的老师们练习武术、教授武术，纯粹是个人喜好，都不以此为生。李圣端老师在邢台南关羊市大街，开了一家酱园，卖咸菜、香油等。羊市水坑路北有座龙王庙，庙前有个很大的空场。国术研究社很长一段时间，是在龙王庙前教拳，后来搬到了龙王庙附近一家仓库里教拳。

正本清源，重在养生，太极拳练习要从一点一滴做起。对于每一个要领都要到位，对于特点要准确把握。作为武派太极拳的传人，吴文翰认为，武派太极拳讲究刚柔相济。武派太极拳从拳理上来说，有很严格的要求，左右手守中、护中，始终保护中心线，攻击对方的时候也是攻击对方的中心线，杀伤力和穿透力就比较大了。练拳的时候要求左手不能过中心线右边，右手不能过中心线左边，这是和其他太极拳不一样要求。比如云手，

吴文翰（左）与本文作者张文睿（右）

手不能超过腿，腿也不能超过手。跟中国书法一样，上面宝盖要把下面的笔画包住，下面的笔划也要能托住上面的结构，过和不及都是不可以的。这和中国传统文化有关系，“天覆地载”，天在上，向下盖着的，地在下，向上承载万物，天和地是互相照应的，太极拳中手和脚就是这种关系，手不能超过脚，脚也不能超过手，这就是人体的“天覆地载”。手往回来的时候肘不能过肋。

说着，吴老为我们演示起了武派太极拳，不难看出，武派太极拳立身中正的特点非常鲜明，在旋动过程中，中轴线的作用非常重要，而对于如何把握这个特点，吴老介绍说，太极拳的旋动是它运动的一个重要方式。武派太极转腰时首先尾闾来旋转，因为武派最讲中心轴，从百会到会阴有个中心轴，下端是会阴穴，也就是尾闾，处于身躯正中，尾闾犹如船舵与船的关系，为虚实变化之枢纽。如果说腿，实腿以脚跟为轴，虚腿以脚尖为轴旋转。

作为武派太极拳的传人，对于太极拳的源流，一直是吴文翰研究太极拳的主要课题之一。吴文翰认为，源流话题很复杂，现在能搞清楚的，尽

1949 年 4 月 21 日，应邀去邢台参加陈固安师兄挂匾仪式（左起依次为李鹏洲、陈固安、吴文翰）

可能去搞清楚，一时搞不清楚的可以认真探索，但要秉承一个客观的态度。要有科学的素养，有正确的研究方法。不能随意下某一种结论，不要给后人添乱。

太极拳的历史现在搞的有些复杂，这里面有客观的因素，比如过去资料的缺少，研究力量的薄弱等。也有些人为的因素，把历史和现实的利益联系在一起。

吴文翰说，太极拳从萌芽、成型到成熟。初期并没有门派之分。也不分什么“式”，只有部分人称“杨架”“郝架”。如今，太极拳形成的几大流派，是有其历史渊源的。要想用几句话讲清楚，难度非常大。

改拳一直是武术界比较敏感的一个问题。其实在传承过程中，一定会有变化的。每个人的领悟能力不同，身体状况不同，兴趣爱好不同，练的拳一定有差异。有些改动是风格上的，有些改动是要领上的，有些是习惯上的，还有些是原则上的。对拳的变化要有一个辨证的、客观的态度。

吴老认为，不可能不改，不可以乱改。另外，改了不一定就代表开宗立派，开宗立派那是要有天才的改动，是水到渠成的成熟，不是凭空臆造就能实现的。

吴文翰弟子众多，他在教学中摸索并积累了许多经验。教太极拳不可能长期用一套死板教法，面对所有的弟子，要因人而异。“每个弟子的年龄、体质、文化程度、综合修养，都是不一样的。所以教学方法要适度灵活一些，不是一成不变的。当然，教学的整体方针、基本理论、基本要求，是不能变的。”吴文翰介绍说：“比如，有人接受能力强、有人就弱些。还有弟子们的学习目地也不完全一样。我有位弟子，四十多岁才与太极拳结缘，他的目的非常单纯，两个字：健身。对于这位弟子，我教学的内容，就有所调整。”

吴文翰少年时喜欢文史，最敬重的人是胡适。他的愿望是，如果当不了文史专家，也要当个小说家。吴文翰读过不少中国古典小说，十几岁时也写过小说。20 世纪 60 年代初，吴文翰认识了一位朋友，他在研究《孙子十三篇》，吴文翰与之关系非常好。朋友家有很多古旧书，他的研究对吴文翰启发很大。从那时起，吴文翰系统研究太极拳理论的想法，萌发了。在研究太极拳的典籍与拳理方面，吴文翰贡献较大。吴文翰反复讲，许多古典拳论都是很有价值，其中，王宗岳《太极拳论》《十三势行功歌诀》《打手歌》尤其要研读。他对晚辈们介绍说，王宗岳、武禹襄、李亦畬这几位的著作理论性更强一些，讲的更透彻一些。他还特别推荐了名家郝月如的文章，说他的文章比较通俗，容易懂。

典籍为旗落地生根

离休后，吴文翰开始是在《武术健身》帮忙，成了兼职的武术编辑。后来长期在《武魂》《中国太极拳》《太极》等武术杂志社编稿子，读、编、审，联系了一批优秀的作者，推出一批理论作品。编余吴老持续笔耕，先后写了一百多篇与太极拳相关的文章。出版了《武派太极拳体用全书》《吴文翰武术文存》《太极拳书目考》《澧阳村舍旧作残编》等著作，对武派太极拳的历史沿革、拳理功法做了详尽的介绍。

吴文翰研究太极拳的文章主要有两类：一是，凭借古典与前辈的典籍；二是，在前辈拳理引导下，自己练拳的体会与感悟。他转述郝为真的原话，练习太极拳有三个层次：开始就像是在水底下练。然后就像在水中央练，最后像是在水面上练。吴老说，郝为真前辈表达了练习太极拳，由实到虚的修炼过程。最初，练习太极拳讲究一个实字，随着功夫的增长，动作会变得轻灵，最后则好像在空气中练拳了。吴文翰则特别强调，练拳要讲究“落地生根”。要注重脚下的稳定。沉稳。所谓沉稳，就是扎实，也就是脚下要有根。“涌泉无力身无主”，如果脚下没有根，也就不会有步法轻灵了。而要做到轻灵稳健，必须在步型、步法上下功夫，一定要规范标准。吴文翰讲：“落地生根”，是轻灵敏捷的基础，他更是鼓励晚辈要练好基本功。

吴老在撰写的文章中讲，近些年太极拳在普及过程中，存在着几点弊端。首先是拳套有些乱。有人编的动作是违背太极拳理的。离开太极拳理论去编套路，就不是太极拳了。还有的东拼西凑，这个流派摘一点，那个流派摘一点，这只是外形上的组合，内在是很难融合的。其次是练习方法不正确，有人过分追求震脚、发力，特别是震脚，练习的方法不正确，就容易损伤膝关节和大脑，久而久之损害身体。再次就是过于追求表演性。第四是有人过早地把气功引进来。太极拳练习时以心行气，自自然然，不是勉强把动作和呼吸相结合。如果把动作和呼吸勉强结合，会造成憋气的现象。最后则是有的人练习太极拳贪多，往往会很多太极拳套路，哪一个也不精，甚至都不对。

“如今，练习太极拳的最高境界，是健康与益寿延年，更注重的是修身养性，技击则变得次要。当然，太极拳必须练出刚来。光练松柔，不练刚，那不是太极拳，是太极操。”吴文翰在授课时讲，太极拳首先有一个形体动作，即外形；其次，有内在的神、意、气。太极拳是把外在的形和内在的神、意、气融合在一起，互相依存，成为一体的拳术。

武派太极拳讲究安舒，要从容、舒展、舒服，但舒展中有紧凑。打拳时，所有的地方都往丹田去，就是紧凑，但架式上是很舒展的，这一对矛盾要处理好。紧凑不能缩到一起，它和舒展同时呈现。从健身角度讲，第一要做到放松；第二要做到安静、心静。只有做到松与静，心情才能平稳，肌肉才能放松，气血才能疏通。吴文翰讲，练拳肯定对养生有积极作用。

2009 年 7 月 9 日晚，在美国名家表演晚会上表演传统武派太极拳

但人要洁身自爱，否则练半天拳，到处花天酒地，也不一定能健康。还要有平常心，心态好，对健康长寿好处多多。特别是在逆境的时候，更要有平常心。练太极拳是有助于这种平常心的培养的。

技击是武术的核心，太极拳是以技击为主的，离开了技击，就不能算作拳。吴文翰认为，现代的太极操，是太极拳的派生物，它吸收了太极拳的一些元素，也吸收了一些舞蹈的元素，主要目的是健身，没有技击含义。当然，太极操也有自身的特色、自身的价值，是很好的一种运动。吴文翰还说，现在练习太极拳的主要是中老年人，还有一些体弱有病的人，练习太极拳也是以健身为主。老师们虽然在练习中，也讲一些太极拳理论，讲太极拳的身法，但都是点到为止，离真正的技击要求，相差很远。吴文翰进而讲，热爱太极拳的年轻人，应该减少太极操化的倾向，或者尽量避免体操化，向传统的太极拳靠拢。

吴文翰在著作中多次提到，太极拳是一门武术。但是，是特殊的武术，它是与中国古典文化、哲学、传统道德融合到一起的，有系统的指导理论，这和其他武术不大一样。在吴老心中，太极拳已经是一种专门的学术，而不是简单的一种拳术、健身术，应该从不同的层面进行研究。“太极拳应该是中国文化的一个组成部分，一个载体。太极拳在现代社会里，养生、文化修养是最突出的部分。”

太极拳是文化载体，吴老离休后陆续发表过百余篇有关武史钩玄，太极探赜，武学研究，名家风采，掌故述要以及品德修养等学术性文章，对中华武术以及太极拳的弘扬发展起到了积极作用。他的辛勤努力引起了众多作者和读者的广泛关注，赞誉他是“武林一枝笔”。在辛勤笔耕的同时，他还积极地为弘扬武派太极拳贡献自己的力量，除课徒授艺、培育后人外，还应邀为大学生和中老年太极拳爱好者讲课，参加各种武术和太极拳联谊会、研讨会，联系各地武派太极拳优秀传人，大力弘扬武派太拳。他课徒授艺、培育后人，大力弘扬武派太极拳，其弟子和再传弟子有不少人在国内外教拳或在各种比赛中获得优异成绩。

让中国武术走出国门　走向梦想

——吴彬的金牌教练生涯

◎ 陈唯斌　周　宇

1982年，李连杰主演的电影《少林寺》大获成功，一个神秘的人物浮出水面，他就是李连杰的老师吴彬。他个儿虽不高，却很有精神，声音浑厚，掷地有声，一笑起来眼睛微微弯下。吴彬，1937年生于浙江湖州。曾任国际武术联合会技术委员会主任、亚洲武术联合会技术委员会主任、中国武术协会副主席、国家体育总局武术研究院教学部、开发部、气功部主任，北京武术院院长，北京武术队首任总教练，荣膺中国武术最高段位——九段。1995年，在全国武术协会组织的“中华武林百杰”系列活动中，被评为“十大武术教练”之一。同时，吴彬还培养了李连杰、黄秋燕、王群、王珏、寇占文、董红林、王建军、戈春燕、李志洲、吴京等一批优秀的武术电影明星，为武术的推广发展作出了很大的贡献。

吴彬

学院出身　金牌教练

中国传统的武术传承一般是以单个的师傅收徒弟传授过程，门派的观念由来已久。但是民国时期“中央政府”曾在南京建立了“中央国术馆”，并在很多省市设立了分馆，以这种方式来传授武术。因此，后来又出现了院校派和民间传统派之说。解放以后，在部分院校里陆续出现了教授武术的课程，现在甚至还成立了专门的武术院校。新中国成立初期，大部分的师资力量便是来自南京国术馆的人才。吴彬就是在这种背景下考入了北京体育学院。

吴彬初进北京体育学院的时候，习练的是举重，这些多少也是受中小学时代体育老师的影响，后来在北体才练习武术。因此，每当别人以武术家称呼他时，他笑称自己是半路出家的和尚，是从“院校派里走出来的武术教练”。“人家武术家都是打小就开始练习的，那是科班出身，我是后来才习练武术的，那可不能叫‘武术家’！”言语间透露着谦逊。

1963 年北京体育学院毕业，分配到北京市业余武术学校教学，成为一名武术教练。经过两年的实践，他从 1965 年开始代理北京市武术协会秘书长工作。仅一年，吴彬便获得了全国业余体校优秀教练员的称号。1966 年后，为了将中国传统的武术传承下去，吴彬大胆组织了很多武术爱好者在业余时间还坚持进行习练武术活动。正是这一行为才为 70 年代北京允许武术等项目恢复训练保留下了骨干力量。

1971 年 10 月和 1972 年 4—5 月间，美国国务卿基辛格和日本友好人士古井喜实为了打开与中国建交的大门，分别提出要派中国武术团前去美国访问和向中国学习太极拳的诉求，当时周总理作出肯定回答，要求外交部、文化部和国家体委三方共同负责这项活动。在这种背景下，吴彬参与筹建了北京市武术队，重新开始了他的教练生涯。

在此期间，他培养了李连杰、李志洲、王建军、梁长兴、殷玉柱、唐来伟、卢金明、张显明、李金恒、王群、王珏、严军、孙建明、喻绍文、董红林、杨永立、崔亚辉、寇占文、黄德刚等优秀运动员，还分别教授李霞、郝致华、黄秋燕、张桂凤、周京萍等，成为这些优秀女运动员的启蒙教练。1975—1985 年，吴彬还任北京市武术队副领队兼总教练。这支队伍在全国武术比赛中荣获团体“十连冠”，队员个人获得金牌及奖牌共 40 枚。

中美建交之后，每次的交流活动开幕式都在北京的工体和首体进行，都将武术表演放在其中的环节，促进了中外交流。这个自称是从“院校派”里走出来的武术教练，用他自己的力量教授学生，将中华武术很好地传承下去，为中华武术的发展作出了巨大的贡献。

严苛选徒　以德为本

武术背后所承载的是中华文化，习练武术有健身效果，更有修身养性的作用。练武的人讲求武德，所奉行的是练武先做人，习武必习德，习练武术的背后透露的是规矩，是做人的品德。很多家长都看重这点，希望孩子练习武术，以提升孩子的个人修养和品德。而武术的生命在于代代传承。传统的传承方式是单独的门派收徒方式。自从南京成立国术馆之后，以学院招生传播武术的方式开始。中华人民共和国成立之后，全国成立了北京体育学院、武汉体育学院、成都体育学院、上海体育学院、沈阳体育学院、西安体育学院等六所设有武术系和专业的院校。几十年来，这些院校为全国培养了很多师资，为继承和弘扬武术取得了积极成果。当时的民间收徒是以喜好为标准，但是以吴老师为代表的体育院校收学生有一定的规定：首先，身材必须符合练习武术的要求，当时的武校要自己招生才能上课，吴彬刚开始的时候偏爱高中生，以高一的学生为主，后来发现高中学生骨骼柔软性不是特别好，并且高中生面临着高考，这样对于武术的长期习练和发展并不是特别理想；后来，吴彬又将目光转向了初中生，初中生相对于高中生而言，习练武术比较理想，但是初中生最后还是面临着高考，这样对武术的长远发展而言也是不太理想；

吴彬（右）给李连杰（左）讲解动作

最后，选择武术学生的群体又改成了小学生，因为小学生相对于初、高中生而言，骨骼柔韧性好，挑选的时候同时考虑学生的兴趣，再参考学生本身的骨骼特征，长期习练下去，学生会有更大的可能性从事武术事业。

在教学的过程中，吴彬讲求教学需要第一有兴趣、要好学、好教又要有自由选择的权利，要有制度保障。从事了多年的武术教练，吴彬总结出了几点教练心得：第一，作为教练，自身必须要有强烈的事业心和责任感，必须是对武术热爱的，要有把武术当成终身事业的决心；第二，在从事武术教练的同时，自己也要不断地钻研武术技术，努力提高武术的教学水平和管理能力，让更多学习武术的人能够切实学到真正的武术；第三是有关武德的，练武之人有了成绩就要懂得谦虚谨慎，不能有自大和傲慢的态度，要踏踏实实做好自己，这样才能保证自己在教学的过程中有持续不断的进步和成就。有了这三方面的内容，才算是一个合格的武术教练。

吴彬在教学过程中，也有自己的一套教学方法，那就是会教会学原则。运动员训练过程中一定要记住练功三步法，一要吃苦，就是要在练习基本功的过程中苦练基本功，要有刻苦的精神，并且在练习的过程中要认真、坚强、勤奋。要把最基础的动作练习到位才能为以后打下坚实的基础；二要巧练，练习的过程中不能使蛮力，要讲求科学，懂得练习的规律和特点，在过程中掌握了规律才能避免弯路，也避免因不懂武术运动的客观规律而受伤；三则是要精炼，在动作熟练的基础上，要精雕细琢，讲求精致练习。并且，吴彬还认为苦、巧、精三者是相互促进的。三者互为补充。苦练缘于巧，两者不可分离，有了前两者才能达到精炼，否则就会失去练习武术的根本。

吴彬坚信，要发扬中国传统的武术，要靠年轻人来完成这个使命，作为一个教练，他尽自己的最大努力把功夫交给学员们，也尽了最大努力让每一个武术苗子能够保留下来，来继承和发扬中华武术。1974 年，在吴彬 37 岁那年北京武术队成立了。他优选了第一批运动员，培养身体素质好、基本技术过硬的幼苗进行重点培养，在他严谨的教学和科学规范的训练手段下，这个团队连创佳绩，从 1975 年至 1986 年，北京武术队蝉联十届全国冠军，他所训练的男队获个人金牌 51 枚。为此，全队受到北京市体委的嘉奖，吴彬荣立特等功一次。此后，又获国家体委颁发的体育运动荣誉奖章。改革开放后，吴彬历任国际武术联合会技术委员会主任，亚洲武术联合会技术委员会主任，中国武术协会副主席，国家体育总局武术研究院教学部、开发部、气功部主任，北京武术院院长，北京武术队首任总教练，荣膺中国武术最高段位——九段。1995年，在中国武术协会组织的“中华武林百杰”系列活动中，被评为“十大武术教练”之一，人们称他为“金牌教练”。

心系两岸　亲历传承

20世纪80年代武术再次掀起了热潮，台湾和祖国大陆同根同源，很多年轻人都想学习中华武术。1989年，由吴彬老师和叶树勋、徐向东两位老师在香港训练台北国术队，期间参加了香港武联为一位老拳师举办的生日宴会，宴会上，徐向东表演了一套传统鹰爪拳，功夫扎实，演练精彩，受到了海峡两岸武术老师们的一致好评，他们没想到院校派培养出的武术人不仅能展现现在竞赛套路，也继承了传统武术的精湛技艺。后来吴彬老师多次到台湾参加武术交流活动，成为两岸交流的重要人物之一。

他个人希望通过北京和台湾的武术结合，太极拳和推手促进海峡两岸的关系向更美好发展，并且还说：“台湾民间很多组织都希望参加祖国大陆的相关武术比赛，很多台湾的武术界人士对祖国大陆的武术还是有很深的感情的。之前我作为北京武术院院长的时候，就希望大陆和台湾能够多多交流。因此，我自己也亲往台湾参加了很多场武术交流的活动。毕竟台湾和祖国大陆是同根同源。很多在台湾的武术精英很早的时候都是从祖国大陆过去的，还是要加强这方面的工作。让海峡两岸的武术界有更多的交流。”

吴彬亲历过“文化大革命”，在那个年代武术被列为“四旧”。很多人都不敢练习或者暗自练习，因此阻碍了武术的发展。但是在那个时候恰恰台湾武术获得了持续的发展。很多从大陆过去的武术家在台湾地区广收学员，大力发展武术，使得很多武术得以广泛传播。加强两岸的武术交流，不仅仅是武术界的事情，更是关系到中华传统文化的传承和发展。因此，吴彬认为两岸的交流更有必要。“我现在年纪大了，能量有限了，但如果需要我做什么工作，我也会尽最大努力去做的。我深深觉得海峡两岸的武术交流在你们年轻这一代。北京、河北、山东等地是武术的重要发展地。但北京的武术目前毕竟还是全国的核心，是众多武术家汇合的地方。很多武术造诣高的武术家都愿意来大城市的北京发展。我个人并不能算是武术家，充其量算是一个教武术的教练罢了，北京是藏龙卧虎的地方，北京很多的武术界的大家都不出来，都很低调，要是能够挖掘一下，还是对武术的传承和两岸武术交流有特别帮助。”

谦和的语言背后是吴彬高尚的武德，正因为如此，才造就了他教出众多高徒但为人低调，做了很多对海峡两岸有重大贡献的事情却依旧将自己归于平淡的那份生活态度。

除了这些，近些年来，吴彬还非常重视推动和发展武术。他认为体育部门和教育部门结合，使国家上层对武术引起足够重视才能将体育的发展向前推进更多。同时，武术的传承在国内应该有制度上的保障。国人对武术的热爱还是很有基础的，这源于国人内心对武术的痴迷，即便不会练习也会讨论和观看相关的武术表演。如果真正推动起来应该不是什么难题。他个人还曾编著有《中小学体育教材》中的武术部份《初级拳》；主编外文版《武术丛书》18 册；合著有《紫霞剑》《醉拳》等。正是他内心对武术未来传承的责任和热情，才使他能够倾尽毕生精力投身武术事业。

联姻影视　走出国门

武术源于中国，属于世界，将来中国的体育项目也能被世界认可。过去武术固步自封，讲求技术，是走不出去的，现在武术发展呈现出了一片大好形势。为了将武术进一步推向世界，让更多的人了解中华传统文化，吴彬又从电影的视角打开了武术走向世界的大门。

20 世纪 80 年代，一部《少林寺》带起了一股学武之风，而这部电影的主角就是吴彬的得意门生李连杰。到后来，学习武术、成为明星是很多青少年甚至是很多家长心中的梦想。这无疑是对武术推动的最好形式之一。吴彬对这一现象持乐见的态度，因为这毕竟是很多人把孩子送来学武的一个原因。

北京武术队合影（吴彬前排左一）

20世纪70年代，在北京什刹海业余体校当教练的吴彬与其他几位教练一起选了一些体校周边小学的小孩组队进行武术业余训练。1971年，吴彬觉得队伍人数还不够，他就在方圆3～5公里的北海小学、黄城根小学、厂桥小学等多所小学进行物色、挑选，李连杰就是当时在厂桥小学被选上的。吴彬感慨地说，李连杰至少是从1000多人中被选上的。当时厂桥小学的体育老师是吴彬的朋友，吴彬告诉他："你选的人我不一定看得上，我来一次最好给我多看看。"于是吴彬开始到2、3、4年级各班去看，吴彬看上哪个就出来，第一个动作是立定跳远，就跳一下，这样就筛掉一批；剩下的做下蹲动作，这样一下子就看出大腿小腿的长度，一些蹲不下去的也被淘汰；然后是弯腰手触地、短距折返跑等等一系列动作。就这样，光厂桥小学就选出来100多人，吴彬随后教他们体操，教几个简单动作，学一遍后让他们自己练，看看做得怎么样。最终他在厂桥小学选了十几个，加上其他学校共120人进行暑期集训，每周上4次课，他教这些孩子压腿、劈叉、初级拳，经过淘汰，最后只留下包括8岁的李连杰等4个人。李连杰经过4年艰苦训练，脱颖而出，夺得全国冠军。

继李连杰之后，吴彬的另一个徒弟甄子丹也开始转战影视界。吴彬回忆说，甄子丹的母亲在美国波士顿教太极拳，也算是武林中人。《少林寺》成功后，北京武术队访问美国波士顿，甄子丹母亲慕名找到中方有关官员，希望将儿子和女儿都交给吴彬训练。后来吴彬则劝她不要两个孩子都练武术，就这样17岁的甄子丹来到北京跟从吴彬进行训练。虽然生活环境不同，但甄子丹很快适应下来。吴彬对他的能吃苦也是津津乐道，不过由于甄子丹在美国练的不是中国这种套路，有时也不是很适应这种训练。中国武术套路强调放松，但那时的甄子丹却表现得很紧张和僵硬。吴彬说，那时的甄子丹就是要过这一关，而他却还不那么信服，吴彬后来干脆让他跟随女队练习身体柔韧性。甄子丹在国内将近两年断断续续的训练，还去了北京体育大学、西安赵长军武校和其他地方，很不容易，甄子丹学习了长拳之类的武术比赛套路，在很多方面进步明显。甄子丹走上影视路，也还是能吃苦，从零干起成为国际巨星，吴彬很为他高兴。

吴京的成功在吴彬眼里更多是他遇到了一位信守承诺坚持己见的好导演。吴彬说，当年曾经执导过《少林寺》的大导演张鑫炎来队里看上吴京，问吴彬能不能让他要过去拍电影，吴彬同意了。张鑫炎就回去准备剧本，但剧本准备好了时已经过了一年多，回来一看，吴京已经从 1.5 米长到 1.65 米了，原剧本不能再用了。但张鑫炎没有放弃，他回去重改剧本，为吴京拍了一部电影《少林小子闯情关》，之后为吴京量身定做拍了电视剧《太极宗师》，一举成功。

吴彬为电影输送了一批优秀的武术运动员，为武术的推广发展做出了很大的贡献。学习武术、成为明星，是当时许多青少年心中的梦想。对于做着明星梦进入武术领域的孩子，吴彬是持一种乐见的态度，他用李连杰、甄子丹、吴京这三位得意弟子的成长历程告诉孩子们，成功的背后可能隐藏着不为人知的艰辛，最终能够脱颖而出，除了要天赋、刻苦，还要有机缘。

中国武术属于世界，为了将武术进一步推向世界，让更多的人了解中华传统文化，吴彬从电影的视角打开了武术走向世界的大门。他本人曾经担任王家卫导演的电影《一代宗师》的武术总顾问和武术教练，让武术在社会的影响力方面发挥了巨大作用。

20 世纪 80 年代年代日本重视武术在本国的发展，并且认为中国虽为武术之乡，但是真正的武术在“文化大革命”之后就已经失传了。日本人少林寺拳法联盟的负责人宗道臣还意味深长的说：“中国人的武术很好，但是很可惜已经失传了，恐怕在中国再也找不到真正的武术了。”吴彬当时也在场，但他没有讲话，而是通过1974年中国少年武术团在日本武道馆、相扑馆进行多场表演的时候，用实际行动向他们证明了中国的武术没有失传，令在场的日本武道界叹服："中国的武术还没有失传！原来在中国还有这样上乘的武术！"吴彬通过自己的努力在新加坡、马来西亚、印尼和泰国等国宣扬少林武术，许多外国年轻人慕名前往少林寺。

吴彬与本文作者陈唯斌

从1994年开始，他又一次任职北京市武术队总教练，重振北京武术队雄风，直至2002年退休，这支队伍又成为全国比赛中冠军最多的队和最强的队，这不能不使武术界的同行震撼。因为，他着重向队员进行远大目标和理想教育，增强队员的民族自豪感与自信心，树立"祖国至上"的理念，用爱国主义和集体主义思想武装每个队员。积极开展国际武术交流，也曾先后率队出访美国、加拿大、日本、澳大利亚、法国、英国、荷兰等国家和香港、台湾等地区，以此来传授中国的传统武术。

虽然吴彬已经进入为耄耋之年，但他仍旧尽全力来推广和普及中华武术。他多次呼吁上层对中华武术引起足够重视，像推动其他体育运动一样推动中华武术，让中华武术的传承有制度上的保障。他谦虚、低调而不与人争的高尚武德影响着每一个学员和了解他的人。中华武术因为有了他这样的武林高手，一定会发扬光大。

武缘人生

——访著名武术家夏柏华

◎张长念　邱　洁

青年时期夏柏华

千百年来，在中华武术文化传承发展的历史长河中，许多武术人终其一生，习得一身武艺，再将武艺传承给下一代。大浪淘沙，经过社会历史环境的变迁，中国武术传承至今，其过程的艰难可想而知。中华人民共和国成立后，当代武术前辈们呕心沥血为武术适应社会环境的发展做出重要贡献。作为武术人，我们该铭记他们的事迹；作为中国人，我们更应该对为武术、为中国优秀传统文化作出重要贡献的人致以崇高的敬意。春末夏初的一个下午，我们一行人如约来到位于北京丰台区的武术家夏柏华老师家里进行采访。

夏柏华生于1937年，安徽郎溪人，武术教授，著名武术家。他曾担任北京体育学院武术教研室副主任、国家体委武术研究院理论研究部主任、技术研究部主任、中国武术协会副秘书长、中国武术学会副主任。现任中国武协传统武术委员会副主任、中国武术研究院研究员，是我国著名武术家、武术教授。

少年时代

夏家世代居住在安徽，本是巢湖人。早年因水灾从江北逃荒至江南，定居于郎溪。没有土地的农民，生活的艰辛可想而知。父亲有一手不错的厨艺，靠给有钱人家做厨子养活全家老小，但家境依然贫寒至极。夏柏华八岁那年腊月，母亲病亡，但是贫穷的家里拿不出钱买棺材。时隔七十余年，夏柏华提起这段艰苦的岁月依然唏嘘不已："寒冬腊月的天气，别人家都在准备过年，而我家因为母亲病亡却无钱安葬而凄凉至极。去世的人不能下葬，活着的人在饿肚子。"后来，父亲不知道从哪里听人说：当地大户吕家的祠堂给穷苦人家去世的人赊"白板棺材"（就是没有上漆的薄木棺材）。于是，他带着年幼的夏柏华去吕家的祠堂赊了一副白板棺材，才把母亲下葬。夏柏华依然记得当初的情景："我父亲带着我去吕家求助，到了之后看见吕老爷正在躺椅上抽烟。父亲二话没说，先是'扑通'一声，给人跪下。我跟在父亲身后站着，年幼懵懂。父亲拉了我裤脚一下，我才反应过来，跟着父亲给吕老爷跪下。吕老爷是个善心人，听说了我家的困难情况后，就送给我们一口'白板棺材'。这才把我母亲安葬了。"

夏家一直是贫下中农的代表，1949 年后，夏家分了四亩好田，第一年就是个大丰收。至此，夏家的生活才慢慢变好，夏柏华也才有机会读书上学。

自幼就极为聪明的夏柏华，身体素质也非常好。幼时在皖南定阜念杨家祠堂小学初小三年后，高小跳级，一般孩子要六年，夏柏华只用了五年就小学毕业了。初中在江苏高淳读私学的夏柏华显露出超人的运动天赋。对于篮球等运动，夏柏华一边学习一边教授同学。

中学时期，学校附近剧团一位姓万的老师演武戏，并担任剧团武打设计。夏柏华见了之后非常喜欢，就开始跟随万老师学习。夏柏华先跟随万老师学武戏，很快显露出天赋，戏唱得非常好。那时候登台演出唱戏，观众可以为唱得好的演员"拉彩"。有一次，一台戏一共 12 个彩包，观众为夏柏华拉了 11 个彩，这在当时极为轰动。而后，夏柏华随万老师学习"武功"，很快表现得非常出色。父亲见夏柏华这么认真努力，亲手给夏柏华

制作了长枪，很快夏柏华就能把父亲亲手为他制作的长枪舞得虎虎生威。

由于学习成绩突出，夏柏华从小就担任班干部。高中在敬亭山所在地安徽宣城读书时，不但文化成绩优异，记忆力好，而且体育成绩非常好，时常代表学生参加比赛。夏柏华准备参加高考时，父亲鼓励其结合自己特长报考体育类高校。聊起这段往事的时候，夏柏华笑呵呵地回忆道："最初是计划报考上海体育学院的，后来被一位准备报考清华大学的好朋友激励：'要报就报考北京的学校。'由于对首都的向往，一咬牙就报了中央体育学院（今北京体育大学）。经过一番努力备考，最终顺利被中央体育学院录取。那位激励我的好友也顺利被清华大学录取。"

大学习武

如果说少年时代的全面发展为夏柏华奠定了进入大学读书的机会，那么，进入北京体育大学的夏柏华跟随张文广老师进行正规的武术训练，则为夏柏华的人生道路和奋斗方向了夯实了基础，也为他在武术方面的成就夯实了基础。

1957 年，夏柏华正式进入中央体育学院（今北京体育大学）学习。大学一年级由于没有武术专业，夏柏华选修了武术课程。1958 年，学校正式设立武术专业，把"武术、摔跤、击剑、举重"四小门组成教研室，张文广老师任教研室主任、班主任，并任命夏柏华担任班长。

张文广（1915—2010 年）是我国著名的武术家、教育家，"武林三泰斗"之一，北京体育大学武术学院创始人，我国第一位武术专业研究生导师、教授。张文广老师功夫非常好，18 岁即考入"中央国术馆"，1936 年荣获第十一届奥林匹克运动会武术选拔赛男子组第一名，并赴柏林奥运会表演。这也是中国第一次把武术通过奥运会展现给世界。同样，张文广老师对于学生也要求十分严格，每天带领夏柏华等学生在现北京体育大学西门的白松林习武。夏柏华谈起跟随张文广老师习武的日子，依然非常感慨："老师对我的影响非常大，我终身的路子都紧跟老师。老师是个非常诚实的人，他很关爱我，除言传外，尤其"身教"对我影响非常大。我们老师武术是

由查拳的‘四路弹腿’进门的，练习基本功时，马步站桩，脑门的汗顺着往下滴，每天都站得汗水滴得地下砸出小坑。“中央国术馆”张之江曾主张武术应该‘泛学博通，打练兼能’，老师就是表率。老师的高标准，严要求，让我的功夫突飞猛进。”

张文广老师工作非常繁忙，有时候外出出差，没有人带课。夏柏华等学生只能跟随张文广老师一起出去，这反而提供了更好地学习机会和工作实践。在全国武术比赛担任检录等工作，参加全国武术比赛工作时，夏柏华非常善于“偷艺”，揣摩各位优秀武术运动员擅长的招法、动作，并能逐步运用。善于钻研、善于运用科学知识对武术技术融会贯通，有意识地“博采众家之长”，使得年轻的夏柏华很快从学生中脱颖而出。

成绩优异的夏柏华在大学二年级即被学院列入计划留校人员名单，重点培养。夏柏华提起这段往事的时候笑着说：“有一个跟我关系很好的同学，去武术办公室送材料的时候，不小心看到了这份名单。回来就神秘兮兮地告诉我系里在定留校学生考察名单的事。他让我猜名单都有谁，我实在不好猜测。这位同学就告诉我说名单里有我。那时候我心里就有数了，

武术界知名的“四牛”（吴彬右一、门惠丰右二、张山左一、夏柏华左二）与昌沧（居中）合影

但是并没有因此放松自己或者沾沾自喜，而是感觉到身上的责任，更努力地学习、训练、配合老师完成各项活动工作。”大学三年级的时候，夏柏华作为武术专业人才与体操专业的林继丰被学校一起推荐进入中国戏剧学校举办的教师培训班进行为期一年的培养。这一年的培养锻炼，对夏柏华而言影响是巨大的。在这里，夏柏华学会了武术动作跟眼神的配合，眼神练得非常厉害。同时，掌握了武术的科学训练方法：跟头、旋子等难度动作的“开范儿”怎么做，以及难度动作的保护训练方法和演练技术等。同样，这对中国竞技武术而言，影响也非常之大。由此，武术开始强调基本功：“怎样演练武术基本功及难度动作”“怎么达到武术技术要求”“武术难度动作怎么保护训练不会受伤”。在这之前，武术界极乏先例。

培训期满，夏柏华回到学校继续学业。这时候正好赶上国家三年困难时期，很多人都在“闹浮肿”，学校也因此停了训练课。习武之人都知道“一日练，一日功，一日不练十日空”，意思是习武如同逆水行舟，一天不努力之前的很多努力就会付诸东流。夏柏华非常担心如果不练功，功夫会退步。于是，每天自己习武不辍。学校管理老师发现后，担心夏柏华身体吃不消，容易生病，严厉制止并用停课上报学校相“威胁”，但习武心切的夏柏华依然坚持每日偷偷练武。

结缘《西游记》

中央电视台拍摄的86版《西游记》至今仍是难以逾越的经典，陪伴了一代人的成长。然而，鲜少有人知道，夏柏华与86版《西游记》深厚的渊源。

1978年，日本拍了一部《西游记》，拍摄技术非常不好，情节内容也有丑化我们经典名著和中国文化的倾向。许多华侨观看之后，内心非常愤懑，纷纷跟中央电视台（央视）“投诉”。央视本就想把四大名著搬上银幕，已经有三个剧立项。原计划先拍摄《红楼梦》，但是考虑到海外华侨对日本版《西游记》的抵制，央视把《西游记》拍摄计划提前。1982年，迅速组成了杨洁担任导演的《西游记》剧组。然而，到哪里去找一个优秀的武

夏柏华（右）与六小龄童（左）合影

打设计是让杨洁导演非常头痛的事。毕业于北京电影学院，扮演唐僧的汪粤脱口而出："找北京体育学院（现北京体育大学）的夏柏华老师。"原来，北京电影学院的一位女体操老师曾主张"中国演员必须练习武功"。因此，夏柏华去电影学院带过两届的学生，而汪粤就是当年的夏柏华的学生之一。

《西游记》剧组先去夏柏华家里与本人沟通，知道夏柏华在北京体育大学的工作非常忙碌，带着北京体育大学第一位加拿大留学生郝安迪。但《西游记》的拍摄对当时而言是一件利国利民的好事，也是非常重要的政治任务。于是，《西游记》剧组又去北京体育大学商议借调夏柏华一事。学校考虑再三，同意借调。

夏柏华进入《西游记》剧组，担任武打设计，并教授孙悟空扮演者章金莱（六小龄童）练功和武术技术，在拍摄《除妖乌鸡国》（试播集）一集时，杨洁导演向夏柏华建议道："夏老师您这一集干脆扮演老妖道和孙猴子对戏吧！"在这机缘下，夏柏华成功诠释了《除妖乌鸡国》试播时的"妖道"这一角色。

夏柏华除了教六小龄童武术外，还负责他的思想工作和生活管理，吃住都在一起。章父六龄童知道后，嘱咐六小龄童说："盖叫天技艺高，武术好。你跟着夏老师要向前辈看齐，也要听夏老师的话，勤快练功。"为

让六小龄童的功夫更上层楼，夏柏华亲自带他南下四川与猴拳名家肖应鹏切磋猴拳、猴棍。一年后，夏柏华因学校工作原因离开剧组，六小龄童依然常到北京体育大学探访夏柏华并随其训练，杨洁导演为方便六小龄童练功，为其在北京体育大学南小白楼申请了住宿，之后又跟夏柏华生活、训练了很长时间。生活上的朝夕相处以及夏柏华的真心付出，对六小龄童在艺术成长的道路上产生了难以估量的作用。

武术“散打”问世

当人们能熟练掌握一项技艺的时候，总是希望出门与人切磋，以证自身的本事。文人墨客的诗会，习武之人的擂台，皆出自此列。

20 世纪 70 年代末，东南亚格斗非常流行，东南亚格斗运动员时常会出现“中国武术一无是处”的言论。当时的国家体委收到华侨反映，体委武术处便有做格斗武术的想法，推行“三拳三腿”，称之为“散手”，即散打的雏形。

1979 年，由北京体育大学、武汉体育学院、浙江体委三个单位一起试点（后浙江体委考察试点人员因工作被调走）。张文广老师牵头这一项目后，便把重任交给夏柏华主持（朱瑞琪作为其助手），与武汉体育学院曾于久等人一起，参与武术散打项目的考察、试点及规则制订、裁判等工作，为散打运动发展作出重要贡献。

谈到散打试点，夏柏华回忆道：“我从 77 级的学生开始带试点，一共四十余人，分成三个队。我带着学生从基本功、功法开始练习，打了两年。打实战，跟学生不分级别地打车轮战，每次至少连续打四、五个人。有一次，我意外打到脚拇趾粉碎性骨折。过了没几天，又一脚穿着皮鞋，一脚瘸着练。”

功夫不负有心人，经过汗水和时间的浇筑，第一本有关散打研究的专业书籍《武术散手研究初探》由夏柏华撰写并出版，后又出版《名家运动员》等散打专业书籍。

说起现在推广成功的散打项目，夏柏华高兴地说：“其实民国时期就

有人提出要搞这种以技击为主要内容的项目，但是没有成功。总是搞成‘斗鸡斗牛’，现在让咱们搞成了。”

武术挖整及任职中国武术研究院

改革开放后，万象更新。随着时代的进步，中国传统文化再次受到重视，作为中国优秀传统文化项目载体的武术，也重新进入到大众的视线。

1982 年 12 月，国家体委召开了全国武术工作会议，提出“挖掘传统武术，抢救武术文化遗产，是当前的急迫任务。”在党和国家主要领导人的支持下，1983 年，国家体委成立了“武术挖掘整理领导小组”，负责统一部署全国武术挖整工作。夏柏华被借调至“武术挖掘整理领导小组”担任副组长，带领当时刚毕业的陈国荣、周金彪一起挖掘整理中国传统武术拳种。

到 1985 年，第一次为期三年的武术挖掘整理工作结束。国家体委召开武术挖掘整理工作表彰大会，为武术挖掘整理工作作出突出贡献的夏柏华受到表彰。

随着第一次武术挖掘整理工作的结束，国家专业武术研究机构的成立势在必行。经国家科委和国家人事部门批准，1986 年，中国武术研究院在北京正式成立，第一任院长徐才，副院长蔡龙云。新的机构成立，急需“招兵买马”。组织决定调动夏柏华、吴彬等人赴任。

下来谈话的组织领导问及个人去向意见的时候，事业心极强的夏柏华表示：“武术研究院准备加强技术领导就同意调动，如果过去分管行政就不乐意去了。”北京体育大学舍不得人才外流，但上级还是发来了关于夏柏华的调令。夏柏华到中国武术研究院后，成为武术院第一个研究员（技术型人才），相当于大学教授级职称。同时，夏柏华分管国家武术研究院纪检工作，在做纪检工作的时候，夏柏华有三不怕：“不怕苦、不怕累、不怕得罪人”，出色完成组织给予的工作任务。夏柏华在中国武术研究院，为中国武术事业的发展做出了不可磨灭的贡献。

武术的“当下”与“未来”

当下，外界对传统武术多有置喙，认为传统武术是花拳绣腿，与散打、泰拳及其他格斗术相比“不堪一击”。夏柏华认为：“传统武术与军事格斗技术同宗同源，后发展为两大门类。军事技术注重一击而中、直击要害；而武术是为了提高自卫能力、强身健体、以德育人。”

有人认为武术在“武德育人”方面做得没有韩国跆拳道、日本空手道等项目好。而夏柏华认为“武德育人”也不是一句“面子”的空话，他从中国武术“以德为先”“尊师重道”“门派团结”等三个方面阐述武术比日韩仅局限于规则性礼仪的项目更好。武德育人必然是要讲融于生活融于个人言行品德的“教化”，“武德育人”是把一个人的温良谦让、尊重他人以及对武术专于一技、坚忍不拔的品质融入人的骨血和生活细节中的，而非只是一个“抱拳礼”所能涵盖的。武术“以德育人”的修习不仅仅是浮于规则的礼仪，更重要的是融于生活当中，表现在与自己相处时的“修身”以及与他人相处时的“处世”当中。

夏柏华（前排）与本文作者张长念（后排中）

夏柏华教过许多学生，其中不乏名人明星。除六小龄童外，还有甄子丹及家人。甄子丹母亲麦宝婵曾随夏柏华学武，尤其擅长太极、八卦等内家拳法。甄子丹少年时代好刚猛功夫，甄子丹得其母推荐，随夏柏华学习刀术。夏柏华回忆说：“他力量和爆发都非常好，刀法也不错，只不过动作略僵硬。但是经过指导，进步很快。”而后夏柏华也教过甄子丹的妹妹甄子青习武，甄子青后出演武术剧《昭君出塞》。甄家跟夏柏华关系非常

第一届吉尔吉斯民族大学孔子学院杯武术比赛与运动员合影

好，时任新桥日报波士顿版面负责人的甄父邀请夏柏华去美国发展，夏柏华考虑到武术的根在中国，离不开自己的祖国，于是婉拒甄父的赴美邀请。

从甄子丹一家谈及当今影视武打剧中对武术的导向问题，夏柏华说："功夫片主要是为了观赏。而功夫片里的武打动作都是为剧情服务的，有许多夸张和演绎的成分，不管是什么时候，都不能把武术和功夫片里的剧情动作混为一谈。"

当聊到现在竞技武术的发展时，夏柏华说了许多："首先，练武术是能够以武育人、强身健体、延年益寿、自卫防身的。孙中山先生讲习武是为'卫国、自卫'。武术修炼应该从套路到组合套招再到拆招散手，这三个阶段是循环链接，缺一不可的。现在竞技武术把它割裂了，分为套路和散打，这对于武术的发展是不利的。应该兼而练之才对。"作为规范武术套路动作及演练技术的第一人，夏柏华对现代竞技武术套路的"高、难、美、新"的提法有自己的见解："在竞技武术中高、难、美、新不能没有攻防技击的特点，即使是武术套路，也应该是有攻防含义和演练风格在里面的，没有攻防含义的武术套路，只能称之为‘操’，而不能称之为武术。武术难度发展越来越向体操难度技巧的要求发展，为了难度而难度，损伤身体，尤其现在竞技太极拳，有不少优秀太极运动员，退役后出现不同程度的损伤。”

竞技武术作为竞技体育项目，最终的目标是要走上奥运会，成为奥运项目。而对于武术“入奥”，夏柏华直言：“武术进奥运，不是阶段性目标。而阶段性目标，应该先说武术的国际化推广与文化交流。宽厚的群众基础才是武术入奥的敲门砖。”随后，夏柏华补充道：“武术是个非常庞大的文化体系，不能简单以项目一言蔽之。可以精简项目再进奥运。例如：可以试着单独把太极拳拿出来，用太极推手和太极套路演练两种形式同时进行，再细化太极推手和套路演练的规则，既契合了中国武术‘内外兼修’的要求，又有独特的项目风格特点。”

几个小时的访谈，耄耋之年的夏柏华神采奕奕，声音洪亮。每谈到中国武术时至今日取得的成就时，他脸上难掩骄傲之色；而聊及中国武术的一些问题所在时，他又神情急迫，真正是“骄傲武术之骄傲，急迫武术之急迫”。夏柏华从结缘武术，大学随张文广老师学武，到留校北京体育大学，从规范武术套路动作和难度技术，到创编、试点现代武术格斗的散打项目，从传统武术的挖掘整理到中国武术研究院的成立，他的故事经历也是中国武术现代发展史的缩影。

一睹现代武术名家的风采，领略夏柏华的武缘人生，采访组年轻的武术人都感慨受益匪浅。夏柏华也对年轻一代的武术人给予厚望，并勉励他们要“崇德尚武，内外兼修”。采访至最后，夏柏华目光坚定地说：“相信中国武术发展会越来越好！”这是对中国武术未来的期许，也包含了夏柏华对武术深厚的热爱之情。相信新一代的武术人会接过中国武术传承的“火炬”，把中国武术传承延续，发扬光大！

台湾武术家访谈录

影侠播国粹

——台湾洪门拳法武术撒播者尤少岚

◎ 籍满田　朱李可

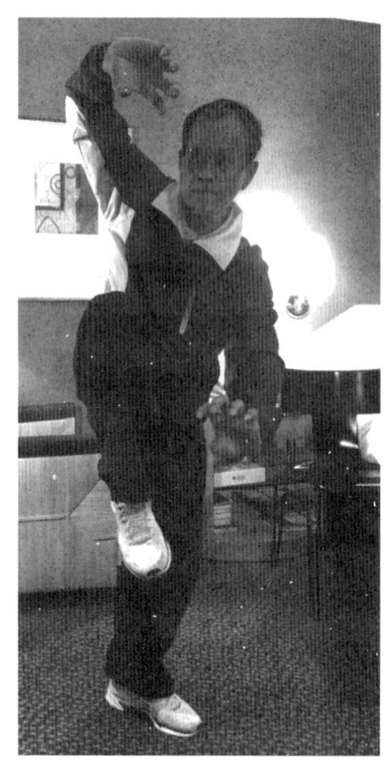

尤少岚动作照

一种武术，一份传承，一朝习练，赤胆终生。用这16个字来形容台湾武术教练尤少岚再合适不过了。出生于1958年的尤少岚，台湾省高雄市人，从小就喜欢武术，更是在20世纪70年代受李小龙电影的影响，对武术产生了深深的感情。他从师洪拳传承人张克治学习洪拳，从此走上习武之路。一次偶然的机会又与电影结缘，凭借一身武艺，主演和参演了《少林廿四溜马》《上海滩十三太保》等多部影视作品，精彩的演技给观众烙下难以忘怀的印记。他潜心武术、专心教授洪门拳法矢志不渝，并为两岸和世界的武术交流做着不懈努力。

身体羸弱　因病结缘武术

尤少岚年幼时身体状况不佳，尤其是关节炎，每当发作，疼痛难忍，整条腿浮肿，下蹲不能。可他偏偏年少多动，对较刺激的活动更感兴趣。就在这时，李小龙在好莱坞影片里的精彩演技及功夫，鼓舞和带动了一批热血青年投身到习武的圈子中。尤少岚也不甘

落后，一方面为了强身健体，一方面出于对武术的热爱，带病在当地练起了跆拳道。

其实尤少岚很小的时候，就开始偷偷瞒着家中长辈伸拳踢腿，到后来在跆拳道习练了一段时间，基本功夫已经比较扎实。正是由于他较为扎实的基本功，才使他与张克治有了认识的机会，春在浮动，一叶一露，聚集新的生命。

张克治是洪门拳术的传承人。洪家拳是南拳拳种之一，俗称洪拳，相传已有 300 多年的发展历史，在广东流传甚广，是广东“洪、刘、蔡、李、莫”五大拳之首，被南派武术界公认的南拳中之精华，其流传区域亦广，在香港、澳门、四川、湖北、湖南、广西、陕西等地，澳大利亚、美国、加拿大及东南亚一些国家也颇有影响。洪门相传创于清康熙十三年(1674)。另传起于清顺治十八年 (1661) 明将郑成功在台湾创立的“金台山”，该组织以明太祖朱元璋年号“洪武”的“洪”字立门，故称洪门。推行与从事洪拳练习，以练习武艺为名，发展组织，宣传反清复明思想。此说尚未得到可靠证实。洪拳气势刚猛，劲道十足而又十分实用，因此作为南拳代表，国标武术“南套路”很大一部分之架势拳路就来自洪拳拳套。洪拳是以龙、虎、狮、豹、蛇、鹤、象、马、猴、彪的象形与特性结合武术技法创编而成。洪拳又有北派和南派之分，大致都和少林寺有密切的关系。南派洪拳又称洪家拳，中国大陆的岭南五拳，源于岭南五拳十三家中的五拳之首。属于少林寺和福建茶商洪熙官所创作的五拳之首。另外，它的创建也和明末清初天地会组织的反清复明的政治事件有一定关系。当时，这门洪家拳法在台湾习练的人和传承都是比较隐秘的。传到台湾后，经历了以下的传承顺序：由太祖师爷洪熙官→洪文定→陆阿彩→黄麒英→黄飞鸿→林家坤→张克治。张克治所学都是从军旅中习练的最具民间传统的两广洪家拳。

张克治学成之后便在台北开设武馆，广收习武爱好者。当他走到跆拳道场馆中看到尤少岚习练的跆拳道之后，便主动和他打招呼，问他是不是喜欢中国传统的武术。尤少岚并没有近距离看到过洪拳武术，因此也有些迟疑。张克治就现场展示了一次洪门拳术给他看，这使尤少岚十分惊喜。

从那以后，二人多次接触，在一来二往的交流中，尤少岚终于打定主意改学洪门拳术。那一年，尤少岚年仅 15 岁。

在台北习练拳术的日子里，尤少岚白天打工做玉石，晚上专心习武术。周末他仍跑到老师家里跪拜求学。

“当时，我们家住在高雄，张老师住在台北，我每次坐车到张老师家里就要好几个小时。”尤少岚回忆道：“张老师个性很随意，但脾气有些急，对我要求更是严格。练习武术，基本功最重要，如果动作没有达到一定的标准的话，老师就很难再教下一个招式。看到练不好动作，张老师就会让再练上几个小时，经常练到三更半夜。为了习武，我很有耐心，不管老师怎么要求，我都会练。能坚持下来最大的动力就是兴趣吧。”

尤少岚动作照

尤少岚不放弃学习的机会，天天按时到老师家学习洪拳。“当时的台湾教武术的人很少，想学习武术要么就要好朋友或长辈引荐，要么就需缴纳高额的教练费。张老师肯收我为徒，并且手把手的教授我，我很感激，我对老师就像对自己的亲人一样。虽然他有时候很严厉，但我知道，这是希望我能够学到更多的东西。所以，不管怎样，我一直坚持跟老师学习。”尤少岚很敬佩自己的老师，他说：“张老师以技艺取胜，以武德服人。他行走江湖，几十年为习练武术、教授徒弟，点点滴滴如一日，全身心地扑在武术的习练和传播上。”

“张老师总说自己只不过是沧海一声笑，五十年来浪迹天涯如一日。人生的路，靠自己一步步去走，旷野无边才使山势无险，春在人间更在心中，

这样一位对武术痴迷的师长，不向他学又向谁学习呢？所以，我分外珍惜和老师习练武术的时光，认认真真锤炼自己的武术基础。” 尤少岚动情地说。是呀，才气总会在不经意间侧漏，睿智总会在急需要时显现，折服总会在受恩慧时存心。

踏入影视　一己之力传武术

人在山中亦为仙，尤少岚在和张克治学习武术的同时，在台北也兼有武术表演。那时候到台湾观光的游客特别多，所以在当地就有很多武术表演。用他的话说，表演即在练武，有时候一天会有几十场，一套武术就会很多遍。这使尤少岚的武功得到了很大提升。

除了武术技能的渐进，表演的经历也为他日后踏入影坛奠定了基础。1981年，尤少岚的一个师弟在台湾宣传一部即将上映的电影《少林与忍者》。那个年代在台湾有关少林的影片风靡一时。由于尤少岚时常表演武术，加上师弟的引荐，影片的导演看中了尤少岚，把尤少岚介绍给香港第一影业公司。刚到公司，尤少岚就遇上了一部影片《少林廿四溜马》。当时电影剧本已经编写好，该剧的导演大胆启用尤少岚，让他担纲男主角。之后的一年多时间里，尤少岚连续拍摄了四部电影，有时甚至是两部电影同时开工，他只好“串场”。

日子安好，岁月如歌，从前的武术习练和给观光游客表演节目的经历给尤少岚的影视事业打定了坚实的基础。他把武术和影视表演结合起来，从影视的角度宣扬武术，让更多的人了解武术、喜爱武术。时间让时间所链接，生命让生命所记忆，回想刚刚签约时的场景，尤少岚的回忆犹如昨日：“刚进入影视公司时，我自己万万没想到一开始导演就让我当男主角”。春花如约，带着青春的笑盈盈的气息，凭着之前在武术表演队的表演经验，加上一张酷似明星的脸，让刚刚踏入影视界的尤少岚路途顺利。但毕竟拍摄电影和武术表演有一定的区别：武术表演注重专业武术，很真实；拍摄电影需要根据剧情的需要表演，拍戏的最高要求就是要拍出完美镜头，有时可能同一个动作要打好几遍，这往往比平日的习练更加辛苦。而为了凸显主人公的作用，有时候还要夸张表演，武术动作流于表面，而且还不真实。这一度让习练武术的尤少岚十分不自在。“那时候我也刚刚开始拍戏，基本也不懂怎么表演，都是导演在现场给我先说戏，我来做。有时候导演还亲自示范给我，然后我再慢慢琢磨。”尤少岚回忆到：“有时一个动作往往会让我拍好多遍，我比较紧张，也很不好意思，老怕耽误拍摄进度。实际上，还是由于我，拖了剧组工作的进展。”

尤少岚（中）接受采访

除了这些担心之外，还有身体上的创伤，尤太太至今还清楚地记得自己先生拍摄第一部戏因为全身受伤而被担架抬出来的场景：“当时我担心极了，那时女儿才六七岁，看到他爸爸被抬出来的场景怕得很，一边哭一边抓着我的手抽噎着说，‘妈妈，妈妈，我爸爸不会死了吧’。我当时心都揪起来了，但还要转过身来安慰孩子说他爸爸没有事的，不会有事的。可我自己怎能不担心呢！”在这种情况下，尤少岚还是咬牙坚持拍戏。虽然，在接下来的时间也拍了几部很叫座的电影，但后来他还是毅然决然地把精力转向了武术。时至今日，他的重心仍在武术教练上。在他看来，当初自己决意放弃拍摄电影多少有些遗憾，但是，与教授武术比，他更迷恋后者。“拍摄电影固然能够改变我的命运。比如给我带来名誉和经济的改善。但我仍旧觉得教授学生武术才是真正适合我的。人生就像一场戏。在这个过程中总能碰到很多的场景，比如我之前和刘德华、狄龙等人合作过，也感受了拍电影的魅力，但我终究喜欢的是武术。我希望在我以后的日子里，能够把自己所学传授给我的学生。武术是中华传统文化。虽然我知道自己的力量有限，但作为武术人，我有义务将武术发扬下去。”

尤少岚的这种武术追求不但给他带来了人生事业的方向，还给自己带来了一段姻缘。席慕容曾说：假如我来世上一遭，只为与你相聚一次，只为了亿万光年里的那一刹那，一刹那里所有的甜蜜和悲凄，那么就让一切该发生的都在瞬间出现，让我俯首感谢所有星球的相助，让我与你相遇与你别离，完成了上帝所作的一首诗，然后再缓缓地老去。尤太太一开始不了解武术，到后来对先生武术事业的鼎力支持源自她内心对先生执着于武术的那种精神的认同和崇拜。正是有了她对尤少岚的支持，才使尤少岚武术生涯能坚持和发展下来。尤太太以为：“人生最美的境界是审美，人生最大的幸福是艺术，人生最好的快乐是朋友，人生最高的惬意与武为缘。那时候他在武馆教学，我刚好经朋友介绍来到武馆工作。一来二往就认识了，后来走到了一起。”

梅花园里一地芬芳，梅花怒放醉着飘落，像舞动的粉蝶儿争艳，梅林映红了幽静的宁静和美丽；有了影视界的经历和自己太太的支持，尤少岚武术教学的事业发展十分顺利，很多人都慕名而来。尤少岚收学生有一定的要求，“基本功比较好的学生肯定会优先招收”。尤少岚介绍，由于自己是洪门弟子，因此传授给学生的基本都是洪家拳法。但是在教授的过程中，他也有自己的

尤少岚动作照

主见，那就是一直坚持不掺杂太复杂的东西，保持教授正宗洪家拳，不会私自改变之前老师教过的东西。尤少岚始终认为，传下来的东西一定是最原始的，自己没有权利去随意改变师祖们留下来的武术瑰宝，只要把最传统的、最正宗的武术交给学生就好。说到传承，尤少岚不敢有半点马虎。“教学不像自己以前拍电影，动作拍起来怎么美就怎么改。传承的东西是宝贵的，不能在自己教授的过程中去破坏它，也不能让自己的学生学不到传统的中华武术。只要学生肯练习，慢慢去练习、去琢磨，到最后肯定都能悟出洪家拳发的宗旨。” 尤少岚感慨道。

在教授学生的过程中，尤少岚也会因人而异。如果基本功差一些的，他会着重教给学生最基本的东西，并督促他习练好基本功夫；碰到好一些的武术苗子，他会根据学生自己的情况教授一些更复杂的功夫，让他们个个都能在武术的世界里找到自己的位置。同时，他也会传授一些武术心得给他们。他常说，每个人的性格就像吃东西一样，越是简单就越好，不要弄得特别复杂。因为每个人都会在过程中慢慢发现自己到底缺乏哪方面的营养，而不是看到有营养的东西就往自己的嘴里塞。做人做事都要适量，不要过分。能简单就尽量简单点。

“你们看，几十年了，还不是每天几碟小菜而已，素食也吃惯了，并不是非要大鱼大肉才是生活。” 尤少岚平淡地说。他眸子里闪现的是一种坚毅和执着，还有一种平和的心态和一份温和、善良。在这种老师门下学习的学生，如果有心，不单单学会了武术，还学到了人生。可以说，尤少岚无时无刻不在用自己的一己之力传授着他所守候的传统武术和中华传统血液里宝贵的武德。

台海两岸　寄托希望盼传承

尤少岚学的是洪门拳，在他看来洪门的精神就是义气当头，这和中国传统文化里面的桃园三结义特别相似。因此，在他的教学生涯中，他都会推荐学生们学习洪门拳法。从开始和自己的师傅学习洪拳，到后来走上影视道路，最后又开始广收学生，教授拳法，可以说都是源自尤少岚心中对武术的痴迷和执着。他曾经开过自己的武馆，但后来又将武馆关闭，组织学生去进行武术比赛，将武术引入学校，在学校开展武术教授。这无疑是对武术在台湾发展的又一贡献。

但武术终究源于祖国大陆，很多武术门派还在祖国大陆，所以尤少岚希望在他有生之年能够到祖国大陆进行武术交流。把中华的武术真正地、完整地传授下去。这是他几十年从事武术事业的心声！

“我现在已经以教学和交流为主要事业目标了。武术源自中国。这几年台湾很多武术家都开始在世界各地进行武术交流活动，并在其他国家开设武馆教授学生。我师傅在很早的时候就已经在世界各地传授武术了。我们自己也应该进行武术交流，毕竟只靠一地的武术流传是不完整的。由于特殊原因，在几十年前很多武术家都来到台湾。咱们中国这么大，武术种类终归还是祖国大陆多。我希望在我能力所及的范围内，趁自己还可以走一走，将来有机会到祖国大陆进行武术交流，促进海峡两岸的武术发展。”

尤少岚动作照

这是尤少岚的心声，何尝不是台湾地区和大陆武术家共同的心声！随着社会的发展，很多习练武术的人忘记了习练武术的初衷是什么。不是为了所谓的争高低，也不是所谓的一场比赛的输赢，只是中华文化的一份宝贵传承，不能忘，也不能丢。习练武术不仅是为了武术本身的技能，为了强身健体，更重要的是为了传承，每一个武术家都是这份传承之下的最好桥梁和载体。尤少岚心中的夙愿和武术精神就是这种传承里不可缺少的一部分。

衷心地祝愿尤少岚先生武术之树常青，心想事成，荣耀中华！

半个世纪传承　一生无悔追求

——走进杨式太极传承人邓时海先生

◎唐　茉　赵一薨

邓时海动作照

初春的台北，阳光明媚，我们一行四人终于见到了仰慕已久的太极名家邓时海先生，没聊几句话就被他对武学独特的见解所折服。“茶、武、音乐相通点，以慢为主，耐心寻味。南拳要用琵琶音乐跟武术配合。”“讲究透过技术学习，进化为艺术的境界，才能谈到道。”听到这些关于武学的独特见解，细细品味，其中蕴含的哲理却是不言而喻。

邓时海先生1941年出生，现已76岁，毕业于台湾师范大学体育系，现为台湾师范大学教授，台湾“中国普洱茶学会”创会会长，著名学者，被业内誉称为中国“普洱茶第一人”，杨式太极武艺第六代传人，太极武术教练，亚洲级、国际级武术裁判，国际武术医学大会荣誉博士，台湾中华国术会理事、主委、研发委员，台湾中华太极拳协会顾问、委员、副主任，台湾中华杨太极武艺协会师承长、总教练、审判委员召集人，台湾中华武术研究发展协会秘书长、裁判长、审判委员召集人，台湾区运会武

术裁判长、审判委员召集人。这一连串的称谓体现的是，邓老学识的渊博，武学造诣的深厚，一生对武学事业持之以恒的追求。邓老常说，注定这一生我会以清风梳头，露水洗瞳仁，会以普世心肠挥霍命中的金银，气血同清，三焦同治，用一味“药”的冷静覆盖灵魂的轻盈；无法描摹的内心欣喜正是这份轻盈。

环境使然 自幼习武

“我父亲是广西人，母亲广东人，他们很早就去了马来西亚，在那里结了婚，我出生在马来西亚，并在那里长大。说来很好笑，我小时候有很多的愿望，我的第一个愿望就想当两广总督。”老人在介绍自己时笑着说，态度谦和，笑容可掬。随手指着一张照片说：“这就是我父亲，他正在练武，那一年我已经到了台湾，海外的华侨要练一些功夫，要练习真正的搏斗技术，为什么呢？因为在海外生活，常常被当地人欺负，或是我们生活在比较偏远的山区，有很多野兽，总要学点东西防身，保护自己一下。”

马来亚殖民的经济发展全靠外来的廉价劳动力，19 世纪 30 年代，每年有几十万中国和印度劳工进入马来亚，印度移民多在橡胶园工作，中国移民多在锡矿场或城镇从事各种职业，外来移民使马来亚的人口结构（族群比例）发生了重大变化，据 1947 年人口统计，这一年马来亚的总人口中，马来人占 43.3%，华人占 44.9%，印度人占 10.4%，华人比马来人多一点，华印两族相加超过半数，此情况引起马来人大为关切和恐慌，而英殖民者利用此情况，把自己打扮成马来人的保护者，以此转移马来土著民族主义者的斗争方向和独立目标，从而巩固英国殖民统治。在二次大战前华印两族大多是外侨，没有公民权，所以他们对母国政治的关心甚于对当地政治的关心，因此避免了马来土著民族主义者、印度民族主义者和华人民族主义者之间的尖锐冲突。华人在当地生活起来是很艰难的，为了不受人欺负，很多华人都要练习武术，用以防身，可以说那个时代武术的重要目的就是搏击，不像现在练武的目的已经慢慢改变趋向，是文化的传承、是健身。

时间酝酿着流年，走过的痕迹换作了一曲曲缱绻的音律，在武袖里淡然摇曳；青桐、银杏、合欢以及杜鹃、曼陀罗等植物，始终都流溢着最原始的芬芳，奔跑的时光陡然直立静止，簇拥成一座森林，邓老默默回忆起小时候，他说父亲练的是洪戚官的洪拳，他在当地精武会教过小孩子们拳术。他说父亲还带着醒狮团到各地去表演，很多孩子们也跟着去，这些都是带有中国传统文化特色的，包括武术、舞狮等。邓时海就是在这样的氛围里长大，也许那时就和武术就结了缘分。邓老说："我读的小学，是华校，对华裔来讲还是讲究有一个根，一种文化的根，在那里学习的课程不像现在的课程，我还是感觉到了文化的差异；我在那里学习就像种下了一个种子一样，从小就种下了一颗武术的种子。后来上了大学，武术的种子发芽了，又让我重续武缘，后来就结缘了太极。"是啊，一个人的"知行合一""学以致用"，藏着他读过的书与走过的路。

1962 年，邓时海在马来西亚的高中毕业，当时的华裔普遍遇到一个困难。当地只有一所大学，容量很小，所以有一部分学生回到台湾去读大学，有一部分学生回到大陆去上大学，邓时海选择回到台湾去上大学，在台湾师范大学就读。华人初到马来西亚时多开设私塾以教育下一代，当时的私塾多半以《三字经》《千字文》或《四书五经》等作为教材。在南洋，办学初期英殖民政府多半对其采取放任态度；然而到了 1920 年，殖民地政府见华人势力日渐庞大，遂颁布《1920 年学校注册法令》对其进行阻挠和打压。"二战"时期，日本侵占马来西亚半岛迫使民间教育陷入停顿的状态，直至战后方见复苏。在这期间，殖民地政府先后颁布多部教育法令和为数众多的报告书，限制中文教学的发展。

王子和先生

国家独立以后，联邦政府采纳1955年的《拉萨报告书》和1961年的《达立报告书》颁布了《1961年教育法令》，也大大地削弱了华文教育的发展。但是后来，引起民间特别是华人的极大反弹；为了维护华人接受华文教育的权利，华人们开始推动华人文化复兴运动。经过华人的不懈努力，如今，在马来西亚有已有1200余所国民型华文小学、60所独立中学和3所私立多元媒介大专院校。同时也是目前除中国外中文教育体系最完善的国家。

当时，台湾师大都是西洋体育。邓时海的老师王子和正好在体育学院里开太极拳的选修课程，太极课程里不仅是武术，还有格斗、推手等训练。当王子和老师讲授太极时，讲到太极：“发人刚中带脆，手法快速连绵，角度出之以巧，不见浊力。”邓时海开始对太极产生了极厚的兴趣，也就在那时邓时海跟太极拳结缘了。王子和老师是在1946年来到台湾，当时来的目的不是教太极，而是为了在学校辅导普通话。王子和凭着对太极的喜爱和不懈的追求，他到达台湾的同时也把传统的杨家太极体系带到了台湾。他曾经在台北最古老的植物园打过拳、练过武。他练的太极拳兼杨武二家太极的融合，拳架概以平跨走趟子，注重腰腿功夫的锻炼，演来松柔而舒展，大开大展；招招之间，均出诸以精准之线条；中轴安稳，手足出以自然，颇有大家风范。

师承进修 留校任教

邓时海跟王子和老师学习了一学期的太极课程，上课的时候是以传统的教学方式，前面二十分钟蹲马步，然后摆功架，一个学期下来，一套拳十分之一都没有教。这种学习太极的方式在台湾叫武场班，武场班就是在各地普通的公园、体育馆里学习和练习。邓时海说：“学期结束了，老师进行考试，我考的成绩还不错，老师争求我意见，要不要再练练，我同意了，于是顺利进入了师承班学习了。”在台湾跟武场班对应的是师承班，进入师承班这个体制，要求的比较严，学习的东西也比较多。不像武场班，来的人目的不一样，有的人要健康，有些人要的是活动活动，喜欢就好。师承班则是从武场班里先挑选练的比较好、对太极感兴趣的进行沟通，看他们是否愿意进师承班。其实这些人在武场班里已经没有提升了，他们需要新的进度、新的目标来激励自己。来到师承班，就达到了此目的，学员们从此就按新的标准，开始了新的征程。

1963年，邓时海进到师承班，也就是来到王子和家里的院子练拳了。院子名曰华步庭。能够到王老师的院子里来学拳一定要经过介绍、推荐，是需要引见的。是台北师院的郭秉道教授把邓时海带到王子和的院子里的。在台北是很讲究伦理的，引见是非常重要的一环，将来这个学生在这个场合里，发生什么意外事情，引见老师是有责任的，所以到现在邓时海还一直感谢郭秉道教授。说到这里，邓老高兴的指着一打照片说：“这是我在大学里边表演的时候照的照片；这是我们在大学里边学习，晚会上表演太极剑照的照片；这就是在我父亲学红拳的照片；这是我练太极以后，在那边来学习的东西，当时我还没有光着头发……”老人看着照片如数家珍，记的很清楚，历历在目的往事定格在一张张有历史感的图片中，他就像一位绝佳的油画师，会为你调色出一幅嫣红、淡黄、深绿、蓝紫的真品图画。

孔子、庄子、孟子都还没有被时代遗忘，这正是文化传承的结果。邓时海先生说：“命，命是一结构，受是一种道法的传承，时而不忘也，我们活在这个世界上，不止有命，还有受。”太极拳有很多基本功，应该像学习文化课一样，让孩子从小练习，这对孩子的身心也是健康的，邓老说从健身角度来讲，练武也是一种需求，对改变现代人的身体健康也有帮助。他希望大家多做有氧运动，每天的有氧运动至少二十分钟到半小时，而太极就是人们最好的选择。当时练拳的院子和师大只有一墙之隔，院子里很小，练的人很多，因为练兵器、展转腾挪的时候，需要比较大的空间。所以遇到大动作或者刀剑枪的时候要到外面去练。在师承班里边有一个要求，将来学出来学生一定要去教授太极，到外面去推广、发扬。毕业后，由于邓时海成绩优异，就留在台湾师范大学体育系任教了，从担任助教开始，一路艰辛，凭学术研究及教学绩效，从讲师、副教授，晋升至专任教授；最后功成名就，成为台湾武术界的太极大师。

一地落叶一地金黄，落叶秋风，生命里从来不缺这样的贵客，在凉台上正望月亮，今晚的月亮是红的；深情、感恩、善美是亲情社会的内核，齐美尔说：“信任是社会中最重要的综合力量之一。没有人们相互间享有的普遍信任，社会本身将瓦解。现代生活远比通常了解的更大程度上建立在对他人诚实的信任之上。”闻道知行者、闻道求知者、闻道笑言者，共谈崇高信仰养心养行，幸甚之至；邓时海先生一直在努力研究和传承太极文化，他认为武术是从搏斗起来的，对一个人的人生是积极的；而且练武也是种一种文化，是一定要有个传承的，作为文化是有发展的，要该补充的补充、该契合的契合。武术始终不能停留在技方面，艺术和道还有很大的天空。太极拳转化为文化一个标准点为动作用太极方法、太极劲道、气吸来练习，才可谓真正的太极。太极体系的整理，分清技术跟道、跟社会有什么关系，有什么样的整合性，把这些工作做好、做精，对中国的武术来讲是非常有意义的。当下关乎一个人的生活方式和行为方式赫然在列：生命的觉醒和开悟、一颗自由喜悦充满爱的心、走遍天下的气魄、回归自然、安稳平和的睡眠、享受属于自己的空间和时间、彼此深爱的灵魂伴侣、任何时候都有真正懂你的人、身体健康和内心富足、感染并点燃他人的希望；此刻，我真切的以为，这就是和平年代的盛世；鲁迅说：我们从古以

洪家“阴手双头棍”架子摄于 1979 年 2 月于马来西亚江沙

来，就有埋头苦干的人，有拚命硬干的人，有为民请命的人，有舍身求法的人……

尊师重道　传承太极

武术的门派分的非常清楚。邓时海所在的属于比较传统的一个派系，叫学院太极拳，属于传统的学院派，学术基础较多。20世纪六、七十年代，台湾大力推行“中华文化复兴运动”。邓老指着一个海报说：“这个海报是60年代，台湾外事机构印发的，为了吸引观光客印制的，大陆是没有的，全部送到海外去，这是他的一个学生从法国巴黎拿回来的。”在武术的传承问题上，邓老这样认为：“看你的体系在社会发展怎么样，传承是需要时间的，多少年才可以称作传承呢，六十年以上才是传承，比如峨眉、武当派、少林等。” 台湾的武术教练在研究太极拳史上可以说做了大量的工作，出版了大量、近完整地翻印20到50年代的太极拳图书，有诸多太极拳家也在此时重新担负起太极拳传承的历史使命。邓老又深情地说：瞭望白茫茫的一片原野，云开日出红，回望身后，你看那落日，如蓬松的头发和急促的呼吸，把时空的脸颊胀得通红，明天依然是我们的血液洒遍高山，灌满长河，播撒传承的希冀。

说起拜师来，邓老谈了自己的看法：“现在拜师的制度普遍重于形式的，很多外国学生拜完师以后，只是想找个赚钱的工作而已。过去我们练拳是要真正拜师的。在武林里面，师生属于父母伦，一日为师，终身为父。过去不能轻易叫老师，老师在过去不是职业的名称，是真正的老师，是跟着学艺的，需要行礼跪拜。在师承班开学

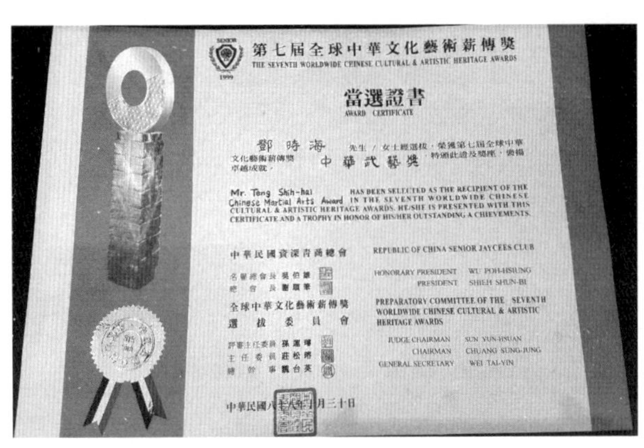
SENIOR
1999
第七屆全球中華文化藝術薪傳獎
THE SEVENTH WORLDWIDE CHINESE CULTURAL & ARTISTIC HERITAGE AWARDS

當選證書
AWARD CERTIFICATE

鄧時海 先生／女士經選拔，榮獲第七屆全球中華文化藝術薪傳獎 中華武藝獎，特頒此證及獎座，俾揚卓越成就。

Mr. Teng Shih-hai HAS BEEN SELECTED AS THE RECIPIENT OF THE Chinese Martial Arts Award IN THE SEVENTH WORLDWIDE CHINESE CULTURAL & ARTISTIC HERITAGE AWARDS. HE/SHE IS PRESENTED WITH THIS CERTIFICATE AND A TROPHY IN HONOR OF HIS/HER OUTSTANDING A CHIEVEMENTS.

中華民國資深青商總會
REPUBLIC OF CHINA SENIOR JAYCEES CLUB
名譽總會長 吳伯雄　HONORARY PRESIDENT WU POH-HSIUNG
總會長 謝順筆　PRESIDENT SHIEH SHUN-BI

全球中華文化藝術薪傳獎選拔委員會
PREPARATORY COMMITTEE OF THE SEVENTH WORLDWIDE CHINESE CULTURAL & ARTISTIC HERITAGE AWARDS
評審主任委員 孫運璿　JUDGE CHAIRMAN SUN YUN-HSUAN
主任委員 莊松榕　CHAIRMAN CHUANG SUNG-JUNG
總幹事 魏台英　GENERAL SECRETARY WEI TAI-YIN

中華民國八十八年[illegible]月三十日

邓时海先生荣获第七届全球中华文化艺术薪传奖

那天是需要拜师的，大家一起来对祖师爷敬礼，以这样的一个形式，表示你入门到这个体制里了。其实，这个流程并不复杂，准备一些花果，老师带领大家一起来行礼，右手握拳头，行拱手礼。这行礼也是有传统的，孔子当时拜见老子的时候，拱手，鞠躬，行拱手礼。我们拜师的时候都是拱手礼，一腿着地，这是有点军人的行礼，没有完全跪下来。因为跪下去要起来，很麻烦，随时会有行动，就不灵活了。”

树上的鸟儿在林间边歌边舞，抖落翅上的水珠，冬天来了，秋走了，人又沧桑了，邓时海的努力让冬天都那么有活力，把邓时海带往时光的更远处；1966年在邓时海先生在师大开了第一个武场班，到现在已经51年了，学员包括教职员、学生、外面的老百姓，都是这个团体里的。在邓老任教期间，他要求在武场班全体人员，要有信心，有恒心。练武术一定要有信心，你要相信它，你要相信你自己一定能把功练好，最终你才能把它练好。还要有恒心，持之以恒，练武不是一两天的事，一定是不断的慢慢的，要循序渐进才能有成果。

1978年邓时海先生开设了师承班。招收学生的原则是，凡是来的学生，不问你来的目的，为了健康还是为了什么其他的，一定要把拳打好，你该想要的东西就会有了。1981年，台湾派邓时海去欧洲巡环教学，在北欧瑞典、挪威、丹麦等几个国家共教了半年，当时是由筹委会、华侨联谊会举办的活动。1990年成立了杨氏太极武艺协会，在台湾当局立案。2016年为师承班学员成立了杨氏太极师承协会。邓先生的师承班在台湾大概有一百个点，在保加利亚、西班牙、美国等国家都有邓时海徒子徒孙的组织，这些都是传承的成果。邓时海的武场虽然遍布台湾全省，但都没有登记在册，因为流动性很大，每个县市有个协会，底下有很多武场。在台湾有总会，分支一般都是很多协会。比如在北京的西城区白云观、月坛街道等，都有活动。

华夏神州，国运昌盛；台湾师大尊称邓时海先生为“校园张三丰”。邓老也深有感触的说，台湾师大是太极拳的摇篮。在谈到武术、武艺、武道时，邓时海先生的见解很是独特。他谈到太极拳属于武术的一种，又称

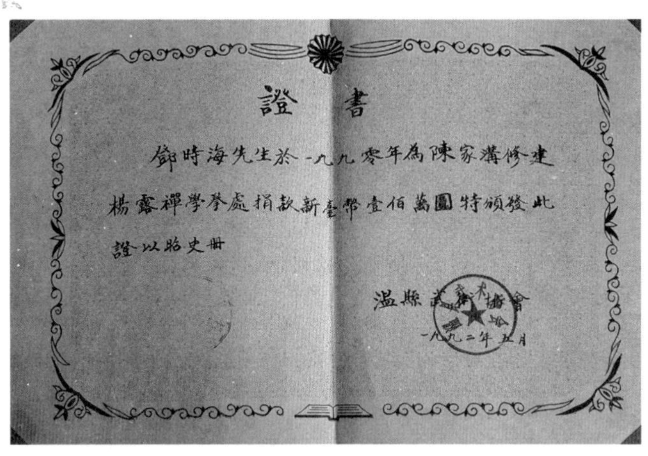

證　書

鄧時海先生於一九九零年為陳家溝修建楊露禪學拳處捐款新臺幣壹佰萬圓特頒發此證以昭史册

溫縣武術協會

一九九二年五月

邓时海先生为陈家沟修建“杨露禅学拳处”证书

武艺，武艺比武术更宽一点。技、艺、道，依次增高。自己望自称道太过了，一般道是抽象东西，武道是抽象的，不能实践。技跟艺是比较实体的东西，武术和武艺是比较具象的。武道跟思想哲理方面的东西类似，技术底要宽，艺术底要高，道的形成才会比较扎实。所以讲究透过技术学习，进化为艺术的境界，才能谈到道。练武，讲究通过练武来改变人的心性，这是要讲究传统文化功底的。

“太极一定要有理论支撑，每个动作为什么要这样做？时代不一样了，文化的需求就不一样了，要有变化才好。过去练武的谦虚、谦逊，而现在练武讲的是硬拼、硬打，出人不意。其实杨家太极的理论，不光包涵了格斗，其精髓追求的是延年益寿。问题是你练的有没有用，对人有没有益处，拿什么做理论支撑。各种拳法、还有散打，要有文化理论作基础，再好的武艺、武术不讲究文化，没有理论基础，也是得不到传承的。”

中国恢宏，祖先足迹，华夏子孙，铺满吉祥，神奇奥妙；数十年来，跟随邓先生习太极者众多，桃李满天下，学生遍及台湾地区以及欧、美、日等地区和国家，他对中华文化之贡献堪称伟大，从 1966 年成立开场班至今已有 51 载，半个世纪的太极文化的传承，老人付出了太多，可那深邃的目光，依然让我们看到了他对太极和太极文化的追求与坚守；晴朗的日子连阳光都在听，写完邓老我要问候：您安好。

“福师”之后苏金淼

——武术家苏金淼的传奇武术人生

◎马　克　赵星媛

主宾落座，各捧一杯清纯的明前龙井，开始这次的采访。与其说是采访，不如说更像是听一位多年未见的老朋友娓娓道来。在这个世界上，名人都有许多名号，武术家苏金淼也不例外，他现任职台湾省云林县工商发展投资策进会理事长、云林县台湾顺武堂武术协会理事长、中国文化大学武术系兼任副教授、环球科技大学企管系兼任讲师生，同时又兼任福建泉州仰恩大学和漳州的闽南大学和客座教授。在这些名号里，苏金淼最看重的还是没有被标上的武德。一生为武术事业而奔波的他，出生在武术世家，父亲是台湾省云林县顺武堂第三代传人，人称南拳“福师”。在台湾的彰化、云林和嘉义地区都曾设馆授徒，在当地名气很大。苏金淼在这种浓厚的武术氛围下长大，从小便跟着兄弟们在父亲的影响下学习武术，以后武术的习练打下了坚实的基础。

苏金淼先生在顺武堂祖师爷牌位前手持80年历史重达80斤的大刀

苏家有儿初长成

世间花叶不相伦，花入金盆叶作尘；唯有绿荷红菡萏，卷舒开合任天真。时间是打磨圆滑的精灵，一不小心就会溜走，苏金森的武术生涯的开始，除了他有武学的浓厚家学之外，还和他小时候的身体情况有关系。苏母在生下他之后就病了，这一病就是好几年。因此，苏金森一生下来便只能喝稀饭。这也导致了他与其他兄弟相比身体就比较虚弱。“那时候我没有母奶喝，天天就是稀饭。我们家兄弟八个，其他的兄弟们都有练习武功。我身体又是这个情况，所以我父亲不希望我再练习武功，让我好好读书，走文学之路。”但是在这种浓厚的武术氛围中苏金森怎么能逃脱武术对自己的熏染？说到学练武，苏金森说：“当时，我父亲是顺武堂的第三代传人，他常常在那里教大家武术。我们这个顺武堂，据说在大陆本应该叫孙武堂，1850—1860 年代传到了台湾，但当时并没有关于武馆的文字材料，只有口耳相传，那肯定是有地方口音的，后来，用闽南语传来传去就成为顺武堂。最后，就干脆将错就错改叫顺武堂。我那时还小，我和兄弟们天天看大家练习，时间久了就慢慢会练习了。”就这样，苏金森和其他的兄弟慢慢走进了武术的天地。

顺武堂祖师爷牌位

风来树更长，雨去山愈姣，无论怎样，苏父仍旧坚持让苏金森走其他路子，家里的孩子们不能都学习武术！但似乎父亲的想法并没有阻挡苏金森学武之路。等到了高中，苏金森的哥哥连续两三年总是获得武术拳击冠军。他便开始和哥哥习练拳击。突然发现自己在学武方面也很有兴趣，并且习练的也相当不错。后来，他进入兵营服兵役，由于自己之前习练的拳击，被选中保护蒋介石的外围任务。同时，他还要继续习练擒拿、拳击等。这就继续夯实了他武术的底子。

兵营服役结束之后，苏金森进入大学学习。苏父彻底不想让自己的儿子习练武术了，“我父亲还是希望我不要从事武术方面的事情为好，但那个年代正好是李小龙在美国派功夫片的热潮期，每个人都希望有点武术。更何况我恰好又学了，怎么可能不练习呢？”苏金森告诉大家。“所以我在大学还没毕业的时候就在学校附近开了武馆，开始教授大家功夫了。那时候觉得还是蛮开心的。习练了自己的专长武术，又赚了不少钱。真是一举两得。”

其实何止是一举两得！在这个过程中，苏金森还收获了爱情和家庭。在一旁的苏太太回忆：那时候，武术在台湾特别盛行，每个台湾女孩都很迷恋武术。自己不会习练武术，但是特别想看别人表演武术。那时候苏太太家在苏金森就读的学校对面开了一家百货行。每当苏金森在学校门口表演武术的时候，苏太太都能看到。而且在平时苏金森还时不时的去她们家的百货行买洗发粉。这么一来二往的就熟悉了，然后顺利自然的走到了一起。“我很喜欢看他打拳、表演武术。那时候就觉得很酷啦。我们走到一起后，我可以天天看他表演了，还是蛮开心的。现在没有那时候表演的多了，心里多少有一点失望。”苏太太深情地说到。诚然，苏金森走上了习练武术的道路源于他的梦想和执着。但这更离不开苏太太的大力支持，在后来授徒的日子里，都是苏太太亲自下厨为学生们做饭，尤其是国外的学生，他们念念不忘的除了自己的老师和武术之外，恐怕还有师母那香喷喷的如家的感觉般的可口地道中国餐。

上了心的人，才会在心上；动了情的情，才会用深情；在机缘巧合下，苏金森还习练了太祖拳、白鹤拳、鹰爪拳等。后来，他有拜访名师学习摔角、太极和北派拳术，使自己的武术有了很大的提升。终于，这个家族里最不希望续走武术路的孩子大踏步走上了武术之路。是的，每一个念头就像一颗种子一样，在种子里面，你无法看到大树，但只要你播下了种子，

顺武堂武馆大门

并持续的浇水灌溉，种子自然会把自己所需的东西，吸引到身边来而成长茁壮。他很喜欢俄罗斯的一首小诗《短》：一天很短，短得来不及拥抱清晨，就已经手握黄昏！一年很短，短得来不及细品初春殷红窦绿，就要打点素裹秋霜！一生很短，短的来不及享用美好年华，就已经身处迟暮！总是经过的太快，领悟的太晚，所以我们要学会珍惜，珍惜人生路上的一切事物；当以宽恕之心向后看、以希望之心向前看、以同情之心向下看、以感激之心向上看时；当年轻时看远、中年时看透、年老时看淡时；就有了做人的那点出息了。一分耕耘，一分收获。

是条不算弯曲的盘山之路，
我看见叶子的色泽渐渐显露；
我看见叶子的情绪渐渐丰富。
什么都在冥想，又什么都不去想了，
就这般——肆意的被空旷和寂寥围拢。

是条不算弯曲的盘山之路，
深情的老歌厚厚的黄叶，
浮着我悠扬的生机；

雾霭的迷蒙潮潮的空气，
粘着我放眼的目光。
心底也无欢喜心地也无悲伤，
就这般——静静的享受这片刻时光的清宁。

五湖四海传国粹

谈到后来走上职业的武术教练之路，苏金淼兴奋地说：“当时也是因为很喜欢，加上念大学的时候刚好大家很崇拜武术，所以，我在大学没毕业就开始教授其他人了。刚开始的时候是到东南亚教书，但后来刚好台湾的侨务委员会要派一位老师到南非去教当地人武术，学校看我有功夫，而且也开始教授学生了，就决定让我去，我几乎没有怎么考虑就去了。那时刚刚 1983 年，没想到这一去就是十年。”

苏金淼被派到南非的这十年做了很多的推广工作，由于他的努力，在南非当地出现了 24 家武馆，培养了大约 3000 名学生。这对中国武术在南非的发展是十分有利的。在这十年的过程中，苏太太一直陪伴他左右，这让他倍感欣慰：“当时，我在国外的学生都把我的住地当成了自己的家，

法国学生拜苏金淼先生为师

我太太管给我们做饭，所以当时很多的外国学生来我这里练习武术，不仅仅是喜欢武术，而且还是想念我太太做得地道中国菜。”

苏金淼在南非刚开始教授武术的时候还遇到了一件有趣的事情：南非一个白人在当地开设了一家武馆来教授学生，并且当地的新闻媒体还进行了一系列的报道。苏金淼一看便知对方是通过对照影视材料来学的。但他并没有说些什么，而是自己教授学生。刚开始练习的时候，有四个南非小伙子拍了苏先生的视频给他们的师父来看。但是他们的师父却告诉这几个年轻人苏金淼的武功是假把式，自己的才是正宗的功夫。这四个年轻人信以为真，就在某一天的晚上来到中华文化中心进行挑战，结果苏老师不费丝毫气力就将这四个人摔了出去，当时他们就懵了。中间有一个月这几个年轻人都没来，当时也没在意。但过了一阵子之后，这四个年轻人转而投到苏金淼的门下学习武术。第一次来的时候连招牌都做好了，直接带着过来见他。“当时还是蛮惊讶的，一来就抬着招牌进门。”苏金淼回忆到。后来这四个学生都是白天在武术中心学习，晚上再把白天学到的东西教给他们各自的学生。经过这样的教授过程，苏金淼在南非的十年间授徒授徒3000多人。除了南非，苏金淼还在欧洲教学，当时经费比较充足，苏老师又去欧洲的法国、西班牙及美国等地教学，希望将中国武术传播到世界各地。截止到目前为止，苏金淼的外国学生至少遍布在10个国家。

苏金淼用自己的武术技能和力量，将中国武术传播到世界各地，让其他国家更多的人了解中国武术、学习中国武术、发展中国武术。苏金淼作为一个武术人，他学的一身功夫，又在国外开班授徒，将中国传统武术传向世界各地。回到台湾后，他尽心尽力来做云林县当地武术之乡的武术推动工作，他又看中台湾唯一把武术做成一个系列的只有文化大学这一点，积极引进文化大学的师资并亲任文化大学中华武术协会副理事长。台湾武术总会常务理事、监事、裁判委员会主任委员、教练委员等，在2016年，他又亲任大陆福建泉州仰恩大学和漳州的闽南大学的客座教授。同时，他继承父业，重振顺武堂，亲自建立武馆教授学生，他把武术作为毕生的追求和事业。用自己的一己之力为武术的传播作出一份努力和贡献。世界上只有两种人：一种是观望者，一种是行动者，大多数人都想改变这个世界，但没有人想改变自己，要改变现状，就得改变自己，要改变自己，就得改变自己的观念，一切成就都是从观念开始的。面对的岁月，他已然是把每一滴露珠、每一朵花瓣都打磨得光洁耀眼，武术带给他的激情，织就着头顶上的蓝天白云，漂移过的金子般的时光，终会为他送来诗和远方。

在你极其热爱的事物之上；
在那幽美无边的光线之上。
由于你眷恋绽放，痴迷草木，
连初冬都长出一大片一大片的桃花。

花开无声，
每朵花瓣都有每朵的寂静；
花落无语，
每朵花瓣都有每朵的喧嚣。
寂静的灿烂与灿烂之后的喧嚣被心摇曳，
就如同每一个人，
一闪即逝的一生。

武馆成业育新人

外出十年，剪不断的是浓浓乡音。1993 年底，苏金森从国外回到台湾地区发展，结束了长达十年的国外教学生涯。他又继承了父亲的顺武堂，开启了顺武堂第四代传承人时代。回到云林县后，他就担任台湾地区武术运动比赛的教练。

台湾省云林县号称武术之乡。但由于当时的经济条件很差，很多年轻人都到大一点的城市发展去了，因此，当时的云林县武术只能在电影片段里寻找，而云林县的武术之乡也仅仅停留在乡野传闻中。作为武术人，苏金森特别希望能够重整云林县的武术之乡风气。因此，他从 2000 年，就开始为云林县全面推动中小学武术教学运动做工作，发挥了积极的推动作用。他编写《云林县中小学推展武术运动武术教材》。同时，他积极努力要打破门派界限、打造云林县武术原乡，他又凭借多年在武术界的影响，引进中国文化大学武术系及国立体育学院等最新的武术教学观念及师资，推动云林县武术的发展。同年，他又亲任云林县建华小学武术社团指导老师，指导学生宋江阵、忠义拳、少林连环掌、金罗汉少林连环拳及各类兵器。

“当时在云林县小学推行武术的时候，县长还是很支持的。我们这个云林县以前经济还可以，大部分靠种田来养活家人，那时候还有很多年轻人在县里种田、习武。但是后来经济效益不好了，很多年轻人都跑去外面打工挣钱，很少年轻人愿意继续留下来种田了。这里的很多孩子也是蛮可怜。年轻人都跑去挣钱，没时间养孩子。尤其是现在很多年轻人离婚，造成了小孩子无人看管的局面。看上去真的让人揪心。”苏金森说道：“所以县里面开始重视武术之后，我们小学升学考试武术竞赛得奖的是可以加分的。很多家长也就重视起来了。但是仍有很多小孩子学习成绩不好，如果没人管，他们就可能危害社会。我在建华小学教这些孩子武术，也想通过自己的努力让一部分有问题的孩子，特别是单亲家庭的孩子别走弯路。习练武术的人都知道，练武要先修德。我教他们武术的同时也会教小孩子做人，这样有利于他们的成长。”由于苏金森的努力，很多有可能辍学或者走上歧途的孩子都改变了命运。生活渐渐好转起来。大家亲切的称他为“苏老师”。尤其是很多单亲家庭里长大的孩子，他们多少受点家庭的影响，谁的话也听不进去，除了苏老师。有一个小孩子在学校里不好好读书，要被学校开除，孩子的妈妈根本拿这个孩子没辙。最后找到苏老师。是苏老师找到学校老师，保证孩子会转变才避免了这个孩子被学校开除的命运。后来，这个学生最终考上了大学，懂得了孝敬和回报社会，并且成为一名教师。每当谈到这些时，苏金森都发自内心的感：“这些孩子们挺可怜，很少有人管，我能尽我一份力量，教他们武术和做人，也许他们不可能每个人都成为社会栋梁，但至少能保证他们不会成为社会的危害就可以了！”

听一位随行的老师讲，小学很多学生去县里甚至更远的地方参加武术

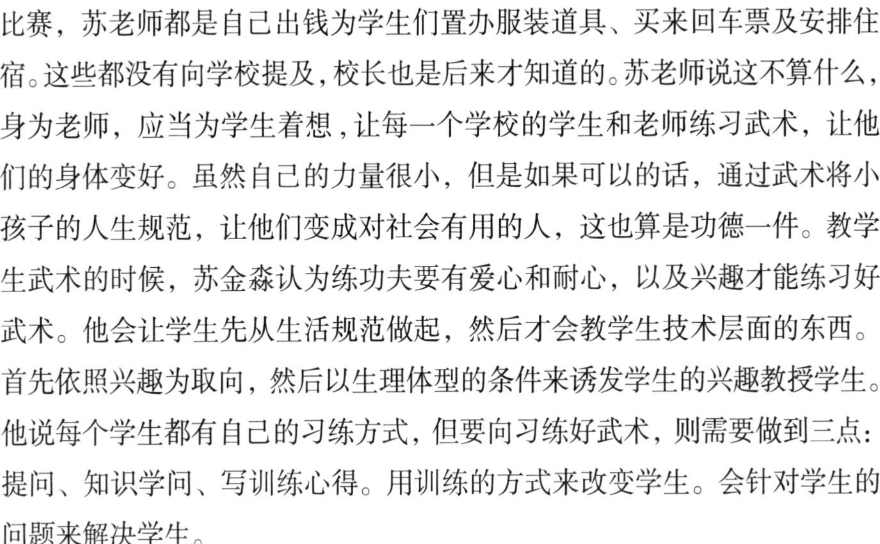

比赛，苏老师都是自己出钱为学生们置办服装道具、买来回车票及安排住宿。这些都没有向学校提及，校长也是后来才知道的。苏老师说这不算什么，身为老师，应当为学生着想，让每一个学校的学生和老师练习武术，让他们的身体变好。虽然自己的力量很小，但是如果可以的话，通过武术将小孩子的人生规范，让他们变成对社会有用的人，这也算是功德一件。教学生武术的时候，苏金森认为练功夫要有爱心和耐心，以及兴趣才能练习好武术。他会让学生先从生活规范做起，然后才会教学生技术层面的东西。首先依照兴趣为取向，然后以生理体型的条件来诱发学生的兴趣教授学生。他说每个学生都有自己的习练方式，但要向习练好武术，则需要做到三点：提问、知识学问、写训练心得。用训练的方式来改变学生。会针对学生的问题来解决学生。

苏先生在学校也是以教学生罗汉拳为多，他说，罗汉拳的连续动作很棒但要能将动作打的很整齐比较难。现在，云林县每年在期末班级有一个武术比赛，会融入体育课。这个竞赛竞争很激烈。要想打好，既要有技术顾问，还是要有人，找对人才能普及和推广，要持之以恒，平常就要练习。目前来看，云林县的武术底子还是蛮好的。在教学生的同时，苏金森继承了父亲的衣钵，开始担当顺武堂第四代传人。"我们家兄弟八个，其他兄弟后来都没有在习练武术。倒是我继续坚持了下来，最后以武术为自己毕生的追求。除了自己喜欢之外，我觉得我还有责任，毕竟武术是我们中国的传统文化，我们就应当继承和发扬他，我作为一个会武功的人，传承武术是义不容辞的责任！"因此，他和自己的弟弟将老宅修建成武馆，一部分用作武术展示的场地，一部分留作自住地。很多学生慕名而来找到苏老师，他在教授的过程中也是因材施教，不拘泥于常规。什么样的学生适合什么样的方式教授，他都能做到心中有数。因此，跟着他在武馆学习的学生也越来越多。

两岸武术同宗亲

苏金森的祖上也是从大陆过去的，每当谈及祖先的问题，他总是比较激动："我们的祖先都是从大陆来的，我们隔壁就有一个村庄，那个村庄据说也是在270年前从大陆过来的。他来之后就做了一个梦，梦里老先生给他指点，让他明天中午到西南海面迎接。第二天他去了之后就看到有一个竹筏上没有人，但上面写着阎罗天子，那就是包青天哈。后来这个人就建了一座寺庙拜他，香火后来就很旺盛了，这和大陆都是一回事。我去年还去了安徽包拯的家乡交流五禽戏呢。"

隔壁村庄有包青天庙，去年跟着去安徽，包拯的家乡，交流五禽戏，但是因为很忙没去成，砀山的梨花节邀请他，他也没去，中学的台办组织去台湾交流，去了文化大学、台中体育大学、台南的大学及太极拳等地进行交流。

德国著名社会学家马克斯·韦伯曾经说过："透过任何一项事业的表象，可以在其背后发现有一种无形的、支撑这一事业的时代精神力量；一种以社会精神气质为表现的时代精神，与特定社会文化背景有着某种内在的渊源关系；在一定条件下，这种精神力量决定着这项事业的成败。"最近，苏金淼正在重点做一件事情——寻根。他积极去大陆寻找自己的祖先，以此告诉自己的后代他们从哪里来，又是谁的后人。近几年台湾的社会形势并不太好，他年纪也渐渐大了。所以，他要抓紧时间来做这件事情，他说，他怕他哪一天突然倒下了，他的后代没有自己祖先的资料，在当今台湾这种环境下，如果误导后人认为自己的祖先是日本人，那就太让人绝望了。他也会死不瞑目的。"我必须赶紧做这些事情，把祖先的来龙去脉弄清楚，然后写进族谱中，让我们的家族有最起码的认知，知道他们的祖先是中国人，在大陆。趁我还没倒下之前赶紧弄。我作为家里的一份子，有这份责任和义务来做这件事情。我查到我们的祖先是从大陆的福建晋江市英林镇湖美村搬迁过来的。我前一阵也曾去过晋江档案馆查过，2016年10月去还去了一趟家乡祭祖。"

武术也是一样的，中国的武术属于世界，但它毕竟源自中国，在苏金淼看来，中国疆土很大，历史源远流长，武术作为中华传统文化的一部分，对历史的传承是有很大贡献的，武术最开始是用来祭祀的，较早时期的武术是国家军事力量的重要组成部分，后来才传到民间的。作为中华武术的传承人之一，苏金森心里明白，他负有传承武术的使命和责任，因为，在他的心里面他懂得这么好的武术，对国家、社会的贡献特别大。他作为一个武术人更有责任也有义务传承和发扬中华武术。更何况他同时还是大学老师，就更要继续将武术传承下去。

迎着太阳，寻找温暖与会心的地方，台湾武术也是源自祖国大陆武术，台海两岸武术同根同源，同属一家。中国的武术太多了，武术的门派各有差异，即便是同一个门派，也因地域的不同而有所差别，台湾武术一定要和祖国大陆的武术保持交流和相互学习，才能把中华武术完整的传承下去。当我们问苏金森为什么一直执着教授和传承中华传统武术的时候，他坚定地回答，自己的信念源自三个方面：第一个方面是国家层面，武术作为中华传统文化的一部分，应该被继承和发扬；社会层面，习练武术的同时，也在修炼一个人的武德和素养，传承发扬武术，其实就是在教社会人如何做人做事的；个人层面来说，习练武术能够防身戍卫、修身养性；同时，武术也是一种表演艺术，习练武术本身也是一种生活追求。武术也不是蛮

顺武堂武术教学进校园

力习练，它里面还包含了很多学术类的知识，比如物理方面的、几何学等方面的。习练它也能从中体现很多这些学问背后的奥妙。因此，他此生习练武术即是自己选择，也是自己的责任和义务。

相逢在初春，春意盎然，特别远处，闪耀出一簇簇嫩绿的枝桠；这一次访谈，第一次握手，此刻我想，我们都是生命河床里的一滴水一粒沙，早晚都会是落定的尘埃，生命演变中，我们蜕变着青涩，消逝着风华，心壁如同爬满密密匝匝的皱纹，而您一定不是的，您无限之青春，我只有用不老的文字记述您青春的过往。心存至善，人生必有祥云；武术是中华传统文化的一部分，正是有苏金淼这样的武术家的坚持和责任，中国传统的武术才能得以延续。苏金淼用自己毕生的经历告诉后人，什么样的人才是真正的有魅力的武术家。

我们不知，你是什么，
什么和你最为相似？
从霓虹似的彩色云霞，
也难降这样美的雨。

我们不知道你是什么，
什么和你最相像？
从彩虹的云间滴雨，
那雨滴固然明亮，
但怎及得由你遗下的一片音响。

——雪莱《致云雀》

一代宗师张克治

◎ 孙文明　高　笑

三月底是台湾最好的时候，在这个美好的季节，我们如约拜见了台湾地区武术界洪拳名家张克治师父。采访中，我们得知并了解了，原来台湾地区大部分的洪门弟子都是张克治师父的徒子徒孙。他的祖籍在广东潮州饶平县，他出生在台湾桃园地区，祖上来台湾已经十几代了。

“沧海一声笑，五十年来浪迹天涯如一日”，“练武要后继有人，要有发展”，“以技艺取胜，以武德服人。年过七旬的张克治师父，精神矍铄，容光焕发，声如洪钟。当我们离开张克治师父后，耳边依然回荡着老人那或沧桑、或激昂、或蕴含哲理话语。这些金玉良言，是老人几十年风雨的人生经验总结，对年轻人来讲也是宝贵的财富。

张克治动作照

军旅生涯　学武拜师

1963 年，张克治师父已参军。张克治师父一生勤奋好动，一心向往武术。喜爱武术是成就张克治师父的首要条件。当时他的班长叫林家坤，是打洪家拳系列，也是张克治师父武术的启蒙老师。张克治师父的武术生涯就是从这里开始的。

武术中的洪拳分为北派洪拳和南派洪拳。南派洪拳又称洪家拳，属岭南五拳十三家中的五拳之首。张克治师父学习的就是洪家拳。对于洪拳派别的起源众说纷芸：第一种说法是洪拳出自少林寺，在明末清初分别由河南（北少林）、福建（南少林）传入广东；第二种说法是福建茶商洪熙官创立，后世相传，融合南、北武术精华之后的武术。另外一种说法，洪拳是民间反清复明组织中的武术，不是一人所创或一门的武术，是融合各方反清复明志士的武术。武术风格上有两个特点，一是长桥大马、步伐稳健（气沉单田），长手长攻的大开大合武术；二是短桥窄马、步伐灵活（气随步走），短手近攻的贴身攻防武术。

在军队中张克治师父勤学好问，对武术十分的痴迷，当时他在部队里总爱和人比武过招，东比西比，就被他当时的班长林坤家看到眼里，林家坤渐渐和他接触，并自我介绍教他洪拳，张克治师父从此拜师林家坤，林家坤就成为了他的第一位武术启蒙师傅，开始学习洪拳。在这个军队里表面上林家坤是他的班长，其实他们是师徒关系。

张克治动作照

说起洪拳的传承脉落，应该从太祖洪熙官创始祖，只因历史世代已久不敢确定传人是谁，世代传人众多，我们又不是当代人物，洪拳广泛太大了，只不过是一种推断而已，林家坤家师所学是洪家拳系列，没听家师说一代一代的传人。洪熙官独创洪家拳世世代代传人弟子。其实张克治师父经过多名名师指点。从师林家坤之后，又从师同营的兵器连排副李光师父学习醉拳系列(醉八仙、醉剑、醉棍);后又经林家坤师父介绍认识了营部连徐卓伦师父，跟随其学习洪家拳(尤其是洪家兵器);又与广西人氏八十团团部梁师父学习奇门兵器。

当时张克治师父所在部队是守海防，在海防的海边树下，他利用业余时间练习洪拳。当时，在同一个营房里面，当兵的时间是不固定;张克治师父就找空当期学习洪拳，张克治师父说“只要有时间就练习”。张克治师父年轻的时候头脑很好，血型是AB型，这个血型行动能力比较强、自信、果断。他每天苦练洪拳，坚持练习了两年多，直到1967年退伍。

退伍后张克治师父依然对各门各派武术兴趣浓厚，尤其对猴拳系列的拳术，又与廖五常师傅及师长拳杨紫垣师傅学习猴拳、猴棍一系列的武术，而且还受教于长拳名师范之孝的武术，长拳为主的连步拳、功力拳及其它如小洪拳、四门拳、武松脱梏、醉螳螂、游龙八卦等。对各门各派的了解，为他今后成就武术大师奠定了基础。

开设武馆　收徒授业

21岁时张克治师父就开设了自己的武馆。武馆开在了台北市。开始收徒时，出于对武术的痴迷，他只是把授拳作为养家糊口的职业。没想到一教就是五十年，如今已经把这职业慢慢做成了自己的事业。

刚开始先教扎马步，后来再教刀枪剑棍，三分巧手，七分马步。练习内容，身型步伐腰马要合一，虎鹤龙猴蛇五行合一，刀枪剑棍等。师父只有张克治师父自己一个人，教起来也比较随性，他告诉学生们到哪里就要入乡随俗，要什么样的环境都能适应和生存。

当时的台北开设武馆也兼有表演给游客看。武馆里的情形是，白天上班，晚上收徒。张克治师父虽然开设了自己的武馆，但他平时还在功夫馆上班，张克治师父通常会叫几个人给观众表演，自己也参与到表演当中。在功夫馆上班的三年的时间里，自己武馆的学生偶尔也会参加进来表演洪拳。武馆里以武术为主教授学生，但在那个年代，除了武术，还有当时台湾的舞龙舞狮也是非常流行的，曾经教授过台湾十三所大学院校国术社以及台湾民间游艺团体舞龙舞狮十四个团队的经历。

张克治师父认为师徒之间是要讲求缘分的。拜师，修炼徒弟的技艺，也是修炼师父的德行。正是教学相长，一种缘分，一种修行。那个年代收学生，通讯没有现在发达，没有新媒体，采用的是古老的登报纸招生、印广告纸、发宣传单的形式来做宣传，内容都登上。按部就班招生，按部就班的教学生，从一个学生到一百个学生，再到一千个一万个，学生的人数慢慢累积起来。

张克治师父说。当时台北竞争很激烈，最少有三四十个武馆，没有两把刷子还真是无法生存。本钱有限，经济也不太好，租赁的场所空间比较小，面临很多问题。学生生源各式各样，本地人很多，外国人也不少，日本的、韩国的、英国的、法国的、比利时、瑞士、德国、加拿大、南非等，世界各国的学生都有。

异乡授拳　实现梦想

说到自己家庭的时候，张克治师父说，自己有 4 个孩子，生活费是不小的数字，还是蛮有经济压力的。为了生活他跑遍了台湾各地，武馆和狮团都跑。好多武馆都是交给自己的学生来打理。一些来拜师的都是慕名而来，看了他的武术表演之后，觉得他的动作很漂亮又实用，一些年轻人就拜自己为师。

人人都有自己的梦想，张克治师父也不例外，他当时很想到其他的国家去教授拳术。当时有外国人邀请他去教武术的，一部分是学生，一部分是慕名而来的。他也想单枪匹马去地出去闯闯，家庭里就交给老婆打理。张克治师父说：从招收区域上来讲，我去过很多地方，也去过大陆，但是还没有去过北京，只去过河南和山东。他说：生活的梦想，就是为了梦想的生活。他和太太离婚 20 年了，早已变成了背包客，来去自由。

张克治师父习武生涯里，是“以技艺取胜，以武德服人”。他认为，练武之人，应以武德为重，正所谓“持之以庄，临之以敬，接之以和，秉之以公，练之以勤，行之以义，存之以仁，归之以忠，而切忌恃强逞能，做无意义之事”。在中国自古以来，习武之人，首当讲究德行，人有奇才异能，便当善自韬藏，不炫己之长以骄人，这样才可以养德，继而可以保身。

张克治师父终于实现了出国授拳的梦想，他出国授拳的第一个国家是日本。授拳的地方都是在当地的体育馆，场地费是对方交，吃、住等都是武术协会要负责，武术协会负责的范围包括私人和社会团体。一般的费用是按月计算，双方觉得合理就去组织要教的学生了。周一到周五练武授拳，六日休息。闲暇的时间就由徒弟们带着逛一下当地的名胜古迹。这就让他更多地了解了日本，了解了日本的名胜古迹，同时也了解了日本的柔道，张克治师父认为日本的柔道，是从中国的武术演变而来，其中夹杂了很多的中国武术的基础。在日本也有人去找他挑战，但都只是切磋，研究武术里的技能，既不会伤身体也不会伤和气。他没有一对一地带学生，都是以团体的方式授课，有时同时教授几十个甚至上百个。他在日本去的地方很多，大城市几乎都去了。他教授的洪拳的徒子徒孙也传了好几代了。

日本之后，他又去了韩国，后来又去了美国。按张克治师父自己的话说，“行走江湖，几十年点点滴滴如一日”。他用洪拳和日本的柔道、韩国的跆拳道、美国的拳击等搏击选手都过过招儿，不管对方是学习什么的我都以一种平常的心态和对方切磋。在和这些拳手的过招中，他更加理解了中

张克治早年武术表演

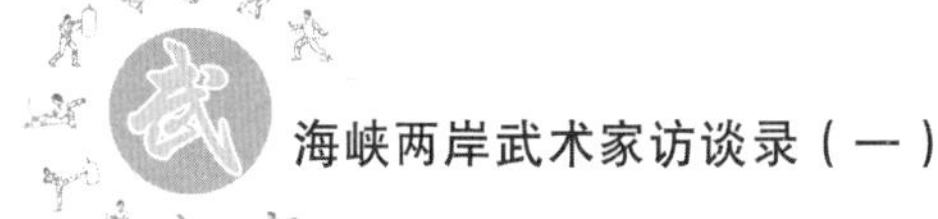

国武术的博大精深。

张克治师父还有着语言上的天赋，他平常讲的母语是闽南语、普通话和客家话，地方性很强。后来教授的学生多了，他又学会了广州的客家话、香港的粤语。在国外期间，每天教学生的时候，语言沟通很多，慢慢的学会了几国的语言。在日本教学生三年就入乡随俗，学会了日语。在美国的芝加哥、洛杉矶等地区，每天听英语就学会讲英语了，但是都不会写。外语都是跟外国学生学的，他们讲，他就记下来，慢慢就学会了。

弘扬洪拳　落叶归根

张克治师父说，人和人的个性不同，自己的个性很开放，走到哪里都是很开放的，是很乐观派的。他有个特点就是小场面人少会紧张，大场面人多了就不紧张了。特别是讲起洪拳来，就会目中无人，风流倜傥。张克治师父聪敏多闻，历经多位名师，将所学所见各类武术综合于一体，形成了自己深具特色的洪拳——张氏洪拳。张氏洪拳虽是在拳架除保留大桥大马外，在动作身形灵巧优美，速度快捷，动作节奏分明有韵味，自成一格。

大龙少林洪拳总馆，是张克治师父自己的武馆名字，自己参加的社团很多。社团比较松，武馆比较严格。张克治师父的学生尤少岚等，在台湾的有十几个比较有名的。其中有 24 个徒子徒孙都在台湾开设了武馆。

洪家拳流传了数百年，其中能人辈出。本派的拳艺很多，如工字伏虎拳（传说是洪熙官改十八罗汉伏虎拳而成，路线成工字形），主要是利用猛虎的特质来扎桥手、桥马与调其内息及蓄其内劲，发于双足与手掌之间，讲究身似铜桥铁马、步求四平大马、气势磅狄、稳如泰山、刚柔并济、扎实桥手似千斤。要求演练者开其胸骨及拔其背，使劲力贯穿骨髓；并调息灌其身，以气吞、吐催其力。虎鹤双形拳（传说乃洪熙官与方咏春武术交流后所创的一套拳术）。

洪拳的套路繁多，其中有五禽拳与十形拳之分，五禽拳是指虎、鹤、龙、蛇、猴五种象形武术；十形拳是指虎、鹤、龙、蛇、猴、鹰、熊、狮、马、豹等十种形拳。洪拳的套路很多取自飞禽走兽之形态，并藉由形拳以达习

张克治武术展示

其形、究其意、成其真的效果。这和兵法中所谈到的以正合、以奇胜的道理相同。十形拳属于比较高级的套路，是古人模仿动物各种攻防姿态来锻炼身心以达到防卫效果的拳法）。

对中国武术的发展，张克治师父有自己的见解。他觉得武术要后继有人，不能终止发展，我在台湾和全世界有六代的徒子徒孙。执政当局要出力，还有要和国术会配合，要和大陆加强交流，比如 2012 年在大陆的福建漳州他和大陆的武术同行就有过深刻的交流。

目前，张克治师父的主要工作就是带学生，也到国外去教学生，“教练教练，教别人自己也要练习”。这是张克治师父对教练的理解，可见老人对洪拳的习练一直没有间断。教学生的时候，张克治师父自己也在不断研习。

张克治师父一生孤独，他也习惯了这样孤独的生活。说自己是“沧海一声笑，五十年来浪迹天涯如一日”。但落叶总要归根，这几年身体也不太好了，回来用一种休闲方式来教拳和修养身体。张克治师父说自己只读了几年书而已，感觉文化不够。现在常驻在台中、嘉义、高雄等地，和自己的孩子一起住。如今，他的好多弟子都开了武馆，有个徒弟是德国人，在台湾开了武馆，还娶了台湾的老婆；还有一个法国的学生，学了七年就在法国开武馆了。

有个叫陈守山的将军，以前是在中华国术馆工作的，从上将退休下来的，也经常参加自己的武术教学活动。张克治师父高兴得说，在我的徒弟中，什么样的人都有，什么样的行业都有，黑人白人都有的。

20 世纪 80 年代武术电影流行时，也是张克治师父异常忙碌的时候。许多香港地区、日本武术明星、动作电影都高价邀请张克治师父教授拳术或作为武术的指导，还有台湾的一些洪拳协会，如台湾中华少林洪拳协会、中华长拳洪拳推展学会都是曾跟他学习，张氏洪拳已成洪拳的独道风景，一片旗帜，在台湾生根，枝繁叶茂，根系台湾传遍世界各地。

张克治（前排）率团访问少林寺

静下心来，张克治师父默默地回忆自己习武的经历。悉数他历经过的多位名师，他教授过的那些徒子徒孙们；他一直秉承着“三人行必有我师”的优良传统，他敢于发现自己的不足，敢于面对自己的不足，敢于挑战自己不足；让自己的武学视野得以开阔，武术技艺得以提高。张克治师父一生对武学有所追求，追求武学技艺的精湛，追求洪拳事业的发展、传承，为自己的追求，几十年如一日地不懈努力，为中华武学，贡献了自己的青春；“以技艺服人，以武德服人”，他的武艺高强使人佩服，武德高尚令人敬重，以诚待人，以德服人，是武者做人的根本，他做到了德艺双馨。不仅如此，他使中华武术特别是洪拳，达到了武学的最高境界。

访问八卦太极拳武学大师赵福林

◎杨 锦 赵广兴

赵福林

“卧似一张弓，站似一棵松，不动不摇坐如钟，走路一阵风，南拳和北腿，少林武当功，太极八卦连环掌，中华有神功……”，多么熟悉的歌谣，歌谣中透露着中华民族的浩然正气、中华魂，歌谣赞扬的正是我们中华武术的气势磅礴、博大精深。中国有五千年的悠久历史，在五千年的历史长河中，有着太多的文化瑰宝。其中，武术文化就占了一定的分量。中华武术被誉为中国“国宝”和“国粹”，是我国的宝贵文化遗产，是传统文化的结晶。既然是国宝、国粹，我们就有责任传承、发扬、光大。每代的传承人在门派的传承过程中起到了不可估量的作用。

三月二十九号，我们有幸在高雄拜访了八卦太极拳第四代传承人、当代武学大师赵福林。看到赵老的那一刻，心中很是激动，一代名家就在眼前。赵老也很开心，离开家乡七十余年，见到大陆的亲人，更是喜出望外，“欢迎你们远道而来，来到台湾……”，乡音未改，面容和善，亲切的话语透着对大陆浓重的思念。简短的寒暄，几人坐定之后，开始了对赵老的访谈。

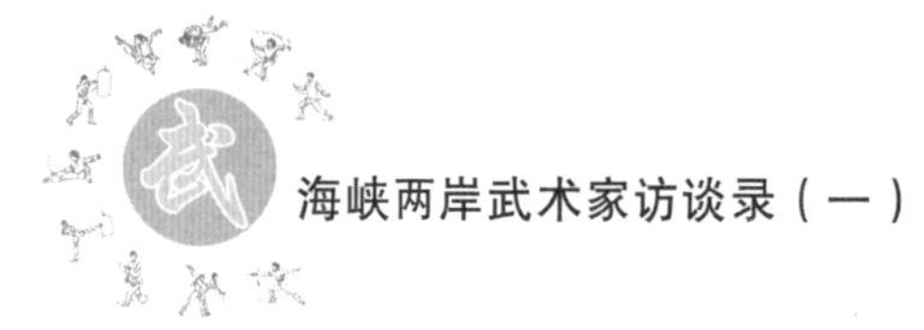

年幼习武与武结缘

赵福林，出生于 1928 年，世居河南南召县一个农民家庭，离南阳 135 华里，北渡泗水接温县陈家沟，当地人民重文尚武，人杰地灵。

赵老出生的时候，正是革命武装起义的时候，社会动荡，人民生活环境较差，生活条件、卫生水平在当时很不好，所以说疾病重生。赵老从小体弱，正好练武可以强身健骨，这也是老人从小习武的一个原因吧。

赵老 11 岁习武，从师少林寺大师崔敬民先生，潜于伏牛山麓丹霞古刹，“我在上四年级的时候，开始习武，近邻有一位律师的女儿爱好武术，比我大 1 岁，她喜欢练得有人陪呀，所以呀，她就跑到我家里呀，拉着我，去她家里练武。”基于此，结缘武术。

数据记载，八卦太极拳的雏形产生于八卦掌的掌门人董海川。当时董海川与杨氏太极拳一的创拳者杨露禅都在王府当差，其所代表的两大拳种八卦掌和太极拳都在京城名声显赫，因此两人都很欣赏对方的武艺并愿意吸纳对方拳种的优点。董先师的这套太极行功法只传给极少弟子，如刘德宽、程廷华等。

文化需要传承，武学同样如此。中国八卦掌的第二代传人中大枪刘德宽是京城著名镖局的总镖头，经常到山西走镖。接触到王宗岳的《太极拳论》和所传的太极拳。马家龙曾经讲过八卦太极拳的心法是刘德宽从王宗岳的传人处得到。在紫竹院公园有一位德高望重的夏瑞璋老先生，其所练的《张三丰原式太极拳》拳架古朴厚重。夏老先生的拳学于其祖父夏广志，而夏广志是刘德宽的入室弟子。刘德宽此拳另一入室弟子是北京农业大学赵鑫洲，赵传给万籁声。此拳在东南一带有梁守中等传人。刘德宽与程廷华和杨露禅的女婿夏国勋是盟兄弟，经常在一起交流拳技。夏国勋从杨露禅处继承了一套不同于杨班侯、杨健侯的拳架。夏老的功夫非常好，但由于杨班侯和杨健侯已公开设场教拳，杨露禅嘱其不要公开传授此拳。因此夏的这套拳只有极少传人。刘德宽和夏国勋商量在董海川太极行功法的基础上真正创编一套集八卦掌和太极拳优点于一身的太极拳。两人经过数年研究，建立了八卦太极拳的基本套路。这里还要指出的是刘德宽所传承的《张三丰原式太极拳》与杨氏太极拳其实来源都是来自王宗岳所传承的张三丰的太极拳。根据杨澄甫在其《太极拳体用全书》1934 年原版书中的自序所介绍杨露禅曾亲自和他讲："太极拳创自宋末张三丰。传之者，为王宗岳、陈州同、张松溪、蒋发诸人相承不绝。陈长师，乃蒋先生唯一之弟子。"

"那个时间我们有四个人练武，每天吃饱晚饭，大概五六点钟都就开始练，由于长期的锻炼，所以身体慢慢好转。从小学到初中，崔老师教我们少林炮拳、大红拳、小红拳、梅花拳、罗汉拳各种拳。"喝口茶，赵老接着回忆道："当时我们老师还在另外一个乡镇里边开着武术馆，我们就去看，一看老师叫我打，同学们看后都说你不要回去了，就在这练武术吧，这个时候还有三个月就小学毕业了，我就没有回去，开始在武术馆跟着崔老师练武。"

在和崔老师练武的日子里，赵老风雨无阻，"老师非常严格，每天学的必须要学会，不然下次不会教新的。要求每天坚持练习，从不间断，不管刮风下雨，一定要持之以恒，从小学一直到初中毕业。因为本县没有高中，要跑外县住宿，所以上高中才有间断"。这七年时间，赵老内外技艺兼修，对兵器九节鞭、梢子棍也有学习，武学正大淳厚，技艺精湛，为以后进国术训练班打下坚实的基础。

在谈到学武遇到的困难、经历时，赵老说："武术，不是纸上谈兵，非练不可。你不练，你说我会了，是不是能做对；做对，是不是能打好；打好，是不是能打的很美妙，每一格都是提升。当时我在练武的时候，经常有成年人愿意来跟我们比较一下，结果他们还真不行。练武是需要下功夫去练的，只知套路是不行的。"接着老人继续说道："当然练武一定要有武德，不争斗，人家不欺负你，绝不招惹事情，绝不恃强凌弱。"

战技特训边教边学

赵老 16 岁时光复第一届中学毕业。20 岁在汉口入伍，投入海军陆战队。1950 年 4 月到台湾。1953 年，台湾军事机构招集大陆来台习武人员成立

集训班，组织中华武术巡回劳军公开表演。“当时门票 4 块 5 毛钱，费用在那个年代来讲是相当贵了，我报名参加了，当时表演的梢子棍相当好，引来无数喝彩声。”赵老回忆，那个年代，台湾教育只以读书为主，当时的台湾有“眼镜王国”之称，有国术馆，但不提倡武术。国际上有比赛，参加的人员武术水平太低，根据新闻报导，国术比赛杂乱无章，赵老非常心痛。

直到 1957 年，台湾军事机构负责人蒋经国去韩国访问，看到韩国的劈掌队在练刀，有所感触。回来后第二年，台湾成立战技训练班，各部队、各机关、各学校召集会武人员集训，赵老也报名。当时已有一百多人，共三个组，进行训练，选拔任教。国术组、劈刺组、体操组，进行训练。半年以后，赵老担任助理教官。有幸受教前台湾国术馆专家教授李元智先生、常东升先生、潘文斗先生、张英建先生等当代武学大师学习擒拿、摔跤、短棒。“李元智先生固定了拳术的十拳八棒，那段时间主要他教我。赵老在训练中主要教拳术、棒术、夺刀夺枪。”赵老在 20 世纪 50 年代到 70 年代一直在军方战斗体育班任教官，司令部对这次训练给予很高评价，说这次训练最能提升战斗技能。

当时八卦太极拳是很流行的拳种，赵老在训练中跟李元智学的较多。

赵福林（右）与首都体育学院副教授张长念（左）交流

八卦太极拳在传承第三代的过程中，因为程廷华于中年时期，1900 年八国联军的战争中壮烈牺牲；夏国勋为人低调谦逊，不掠杨家之风。故在传承第三代上，刘德宽扮演着传承主轴。

刘德宽再传李元智 (台湾国术馆专家教授)、吴俊山 (“中央国术馆”专家教授)；夏国勋则悯于故人之情，传授程海亭八卦太极拳。

如今赵老住在高雄，他已 90 岁，依然每天还在练拳，几十年如一日的坚持非常人所及，是我们年轻人学习的榜样。

老人继续回忆八卦太极拳的传承，那时跟李元智学八卦太极拳，清末民初比较出名的拳还有迷踪门陈玉山的八极拳，夏国勋等人也一直研究拳。媒体记载，程廷华和刘德宽、夏国勋关系密切，程廷华 1900 年在八国联军入侵北京时为国捐躯后，刘德宽和夏国勋出于对故人的情谊，将这套太极拳传给了程廷华的长子程有龙（海亭）和侄子程有功（相亭）。对这层传承关系现有数据说法不一，百度名片中讲是夏国勋传给程有龙，乔鸿儒的文章认为是刘德宽传与程有龙，而也有文章讲是吴峻山传给程有龙。从关系远近讲刘德宽是程有龙的师叔，且程廷华和刘德宽的关系密切，因此刘传程有龙是较可信的。夏国勋传给程有龙也是有可能。据蒋馨山的长子蒋炳熙（其几十年一直追随其父教拳，因此对本门派传承谱系是较为清楚的）讲，程派八卦掌的两个嫡系传人程有龙和程有功（程廷华大哥之子）个性不同，程有龙性格开朗，头脑灵活，绝顶聪明，善于结交。因此其经常向师叔、师伯和其他门派的翘楚请教拳学，因此其对武学见多识广，见解精到，但在传授上也很保守。而程有功主张少练精炼，功夫是程廷华的弟子中最好的，但不善交往。因为夏国勋是程廷华的结拜兄弟，程有龙去主动学习是很有可能的。是刘德宽和夏国勋两人将八卦太极拳传与程有龙和程有功。

简单介绍一下，吴峻山先生字德连，1870 年生于北京。初习六和门诸功，后拜师史派八卦掌第二代传人韩福顺学习史派八卦掌。后又拜师于董海川八大弟子之一大枪刘德宽学习八卦掌、八卦太极拳、六和拳、六和枪和岳氏连拳等。据吴峻山的徒弟张法孟的传人介绍，吴峻山是正式拜师于

刘德宽。我也倾向于此说法，因为八卦太极拳刘德宽极为看重，因是其和夏国勋所发展编创。郭铸山的传人曾经访问过刘德宽的儿子了解其会不会这套八卦太极拳，刘的儿子讲没见过这套拳，可见刘德宽在传授这套拳时是极为慎重的。如果吴峻山没有拜师，在那极为重视传承的年代刘德宽不会轻易传授八卦太极拳的。因此刘德宽是吴峻山第二位师傅。吴峻山又在20世纪20年代中叶到天津住于郭铸山家中，与同住于郭铸山家中和净业庵的程有龙亦师亦友学习程派八卦掌。当时在一起的蒋馨山、郭铸山和吴峻山被称为“华北三山”。由于吴峻山的八卦掌学习经历，因此吴峻山在早期传授的八卦掌和晚年传授的八卦掌在风格和套路上都有了很大变化。其传授的八卦掌有八卦六十四掌和九宫八卦转掌。1928年程有龙去世后吴峻山到南京“中央国术馆”任教，并在后来担任了第三任教务处长，兼任编审处长。吴峻山去南京“中央国术馆”是受了李景林的推荐，因为李景林在1925年12月通电攻作霖下野后就在沪浙一带奔走运作成立南京“中央国术馆”，当国民党中央同意成立后蒋介石本想让李景林当馆长，但李景林不想受制于蒋介石，故推荐了自己的宿敌西北军同样下野的张之江为馆长，李景林为副馆长，但实际李景林并未在南京“中央国术馆”实际参与工作。虽然不主持南京“中央国术馆”工作，但在馆内必须有自己熟悉有私交又有功夫的武当派武术家。与其表弟蒋馨山关系密切的吴峻山当然是合适人选。

吴峻山在原南京“中央国术馆”开始教授八卦太极拳，第一期选了八个学员，其中包括李元智，也就是赵老的老师，这一期学员学习八卦太极拳获得了成功，八卦太极拳被列入南京“中央国术馆”正式教材。李元智由于成绩优异留馆任教。吴峻山先生、李元智先生同为“中央国术馆”专家教授。二人受立馆精神感召，决心贡献一己所学，破除武林藏技恶习，力图振兴中国武术，避免绝技失传。吴、李在教学过程中发现由于八卦太极拳动作繁多，有很多重复的式子，因此两人开始对自家数门武技进行标准化、系统化教学编撰，对拳的套路进行了删减，其中一门正是八卦太极拳，李书明编制精简后为145式。他们是分别学于刘德宽和夏国勋，而程有龙传与蒋馨山和郭铸山，吴峻山传于“中央国术馆”学员及后来在云南昆明传授的八卦太极拳都经过了各自的再加工定型，程有龙和吴峻山所定型的八卦太极拳之所以有区别一个重要原因是他们的八卦掌传承不同，所以对八卦掌的理解有区别，而八卦太极拳的精华实际来自八卦掌，因此八卦掌理念不同必然影响到八卦太极拳的拳架和风格。现在云南吴传八卦太极拳是 108 式。黑龙江吴峻山的弟子张法孟所传叫做八卦太极长拳也是 108 式（含合太极一式）。黑龙江一支还另传有八卦八翻掌并出有专著。

有书证明，吴传八卦太极拳的传人由于分布在云南、黑龙江、台湾和海外，因此分成三个模块分列，第一模块是云南传人：有苏自芳、刘波、杨庆仙、刘永明、云山林、段云华、邓涛等。黑龙江第五代传人：王滋顺、陈宏、靳群等。台湾吴峻山的传人有李元智和傅淑云及其再传弟子赵福林和朱训君等。

潜心修练成就卓著

吴峻山先生高徒傅淑云女士在台湾期间，向来秘藏八卦太极拳并无教授，更不轻易示人完整套路；另李元智先生高徒，赵福林先生也未曾公开发表过八卦太极拳，导致八卦太极拳一直被相关单位认定已经失传。其间，傅淑云女士基于私谊交好，仅与赵福林先生彼此切磋交流，共同深研八卦太极拳精义！

当有关单位进行武术调查时，遍寻不着八卦太极拳的标准套路传承者；或有寻到曾经习练过但却已遗忘者；甚至有更多以八卦太极拳为名，自行天马行空、别出心裁，杜撰出奇形怪状的套路招式而认定失传！直到接触傅淑云女士后方知，八卦太极拳尚有传人存世，经过严谨验证后，证实八卦太极拳的标准套路、心法与练法，尚完整流传于台湾。于是“中央国术馆”60 周年庆时，曾发表书面说明，证实八卦太极拳标准套路与练法在大陆地区已确定全部失传，唯一会完整标准套路的只有台湾傅淑云女士。

1936 年抗战，“国术馆”西迁昆明。吴峻山去了昆明。李元智在陆军军官学校，在重庆，在傅淑云协助下，长达八年时间练习八卦太极拳，创立少林武术馆。赵老说：“1973 年后我开始减少工作，专心习武。同时向师弟朱训君请教，对套路做了笔记，对八卦太极拳进行第四代的修整，将用法特质相同的招式进行研修整合而集成，更正为四十八式版本并另创八卦太极枪，特色在套路招式行进，无一动作重复。后又经徒弟翻译成了英文版。武学技艺经数十年潜移默化，精修勤练，遂熔铸各家武技于一身。”各项武技中，于八卦太极拳、柳叶双刀、九节鞭、梢子棍、梅花枪、少林炮拳、少林气功等武技，赵福林先生所学广博、造诣不凡。双刀绝技深获元章八面出锋手法，长枪神艺乃呈宗犹遗风，九节鞭、梢子棍等奇兵技艺精深，鞭风棍影奇幻莫测，誉满大江南北无出其右，少林炮拳深得精髓，保有嵩山少林古风，深得识者赞赏。至此第四代八卦太极拳的代表性人物，以傅淑云、赵福林、郭铸山为主。

在谈到教学生时，赵老有些伤感。当今的学生在学习态度上有些欠缺，不能真正蹋下心去学习。有的学习一两次就觉得学会了，有的只是口头说说而已。有一次，几个名义上的太极拳老手找赵老，想学习八卦太极，十几天的时间只学了三分之一，可见想要学习，首先态度要端正、认真。

畅游武术界几十年，赵福林先生亦无数次参予国际赛事取得佳绩。1987 年获高雄市中正杯个人组第一名；1992 年郑州国际少林武术节长器械表演获优秀表演奖及枪术第三名；1998 年马来西亚金狮节获杰出优秀奖；1999 年郑州国际少林武术节长器械表演梅花枪、哨子棍均获优秀奖；2000 年上海武术博览会获特别优秀奖；2001 年海南省首届世界太极拳健康大会八封太极、八封太极枪均获金牌奖； 2002 年获武当百杰殊荣；2006 年获马来西亚武术联盟颁发当代大师奖。

更受国际各界武术精英推崇，在国术推广上不遗余力，贡献良多，堪称当代武学大师。著作：一、《少林武学》，内含四个套路，为少林炮拳、柳叶双刀、梅花枪、双刀破枪。二、《春秋大刀》，兵器之王、庄重豪迈、神武威严，武术中精气神充分发挥，深受广大武术同好喜爱，此由少林洪拳主任委员尤少岚推展，并请先生编著着此大刀套路，流传于世。三、《八卦太极》，八卦太极一词源出于吴峻山老师，在 1940 年云南昆明，吴峻山老师曾言收藏武当、太极、八卦归一剑谱，为宋唯一传授李景林(前“中央国术馆”副馆长)，其后以八卦八宗，推、托、代、领、搬、扣、刁、钻，融合太极原理精编成八卦太极，今由赵福林先生苦心重编及多次修编为四十八式以不负先贤绝学。

大家都知道，中国功夫是名扬天下的，从古至今，有多少英雄豪杰以一身高超的武艺为中国赢得了世界的尊重。民族精神是民族意识的精华、民族赖以生存和发展的支柱。中华民族精神的基点是“自强不息”与“厚德载物”。八卦太极拳经过一百多年的发展，已经发展成一支特色鲜明，集八卦、太极优点于一身的太极拳种。通过练习武术可以培养“自强不息、厚德载物”的精神。因此，大力弘扬中华武术，对培养民族精神，对我国在新时期实现民族的伟大复兴“中国梦”时代具有重要的历史意义。武术门派的传承人起到了不可磨灭的作用!

此时此刻，夜已至深，赵老的矫健的身影又浮现在眼前，动作缓慢，有条不紊，回身，旋步，每一个动作都积蓄了无穷的力量，气势恢宏，绵绵不绝。闻道有先后，术业有专攻。赵老，自幼习武，凭借一生几十年如一日的坚持和用心，成就了一代武学大师、武学名家。在此，祝愿老人健康长寿！浩然正气的歌谣仿佛又回荡在耳边，“卧似一张弓站似一棵松，不动不摇坐如钟，走路一阵风，南拳和北腿少林武当功，太极八卦连环掌中华有神功……”

际会大师

——访台湾郑子太极拳传人武术大师徐忆中先生

◎ 刘丙钧　张　冲

徐忆中青年时期

台湾，台北市，去采访徐忆中先生。

喜读武侠小说，金庸、古龙、梁羽生等大作，可说是悉数看过，有的不止一遍。对武者侠者，有种仰慕之情，于此行，自是欣欣然也。

行至徐忆中先生所营持的郑曼青纪念馆，先生早在门口迎候，徐先生中等身材、削瘦而有神，见九十有三的先生出迎，不免有几分惶之恐之。

行前，曾稍做案头工作，知人称诗书画医拳五绝的郑曼青大师系先生恩师，先生承恩师之衣钵，续恩师之宏愿，数十年不改初心，为郑子太极拳的传播推广殚精竭虑，并多经周折，筹办起郑曼青纪念馆。

站在纪念馆门前，四顾，门楣上“郑曼青纪念馆”系先生之同门师兄许崇明先生所题，门之右侧墙壁上系先生亲题“郑子太极拳研究会”的金字招牌，门之左侧可见刻有先生所写纪念馆建馆弁言的椭圆形铜版。

铜版旁筑有一小花圃，圃中特栽一株紫藤，紫藤攀援而上直至三楼，先生告之，有如郑板桥喜竹，王冕喜荷，郑曼青大师于紫藤有所独钟，自

况紫藤居士，并在画中多有呈现。我知晓，紫藤花开，既乏艳也少香，但明代大画家徐渭，清代大才子纪晓岚都有此好。

与先生同行进门，门之右侧有郑曼青宗师之半身塑像。

同行数人与先生在郑曼青大师塑像前肃立而躬，以示敬慕。

先生讲，其与纪念馆的同仁，每日早上，都要向郑先师一躬，然后方开始工作。每日下班，亦是一躬，然后才离开。晨昏定省，感念恩师，发乎内心，成为定例。

坐下，聆听先生徐徐而述，九十有三的先生，思路清晰，简而洁之，全无赘言。

本是采访先生，可先生谈及自己的经历成就仅是淡墨浅痕地一带而过，更多的是凝情含意地讲述其恩师郑曼青的种种番番，一副高山仰止的神态。

听大师讲大师，心向神往，穿越时空。

少小离家老大回，乡音无改鬓毛衰。这两句诗可谓是对徐忆中先生最真实最贴切的人生写照。1925 年徐先生出生在浙江萧山一个普通的农民家庭，家里兄弟姐们多，由于父亲过早去世，家世维艰，十几岁的他无法继续读书，只好提前一年离校，为了生计早早走上社会上谋生。

离开学校的徐忆中先生居无定所、行无所著，时值抗战军兴，先生亦工亦读。1947 年一个偶然的机会，一封来自台湾的信件让他踏上去台之途，他的同学帮他在台湾的基隆港找到工作。不知命运的眷顾，还是命运的提弄，或许是二者兼之吧，本是谋生的一时之举、权宜之计，没想到仅仅过了近两年的时间，由于政治的原因，造成两岸阻隔，青鸟无路，让他回家的路异常艰难。二十几岁的徐忆中便在台湾扎下根来。

初来台湾，没有资源，没有朋友，更没有亲人的关怀，独在异乡为异客，每逢佳节倍思亲，先生内心非常孤独。在台湾的日子十分的艰难，出于对家乡的思念，尤其是对家人的思念归期无期，他将自己的名字由“关海、剑雄”改为“忆中”，意示不忘中国。几十年的岁月艰辛，沟沟壑壑。因此，由己推人，先生重情重义、惜友惜缘，对身边的每一个人都很好，都十分的随和。在后来教授弟子的过程中，他都将这些宝贵的人生经历分享给弟子们，让他们懂得感恩，懂得珍惜，懂得与人为善。

徐忆中先生年轻的时候非常喜欢运动，在闲暇时对西洋拳、摔跤等特别感兴趣。但是当看到由于打西洋拳而丧命的事例后，他开始思考运动的意义。恰逢这个时候（1949 年），从大陆来到台湾的杨式太极拳大师郑曼青先生开始在台北市传授太极拳。郑曼青大师是一位罕见奇才，他在诗、书、画、拳、医五方面都有登峰凌顶之造诣。故此，被大家称为“一代奇才”“五绝先生”。当时的台湾有很多人慕名而至投在郑曼青大师门下习练太极拳。徐忆中先生得知这个消息之后也对太极拳、对郑曼青大师产生了好奇之心、向往之意。在现场，他亲眼看到身材不高，年过半百的郑曼青大师舒身展式、淡写轻描地将那些身形魁梧的壮汉接二连三放倒在地。徐忆中先生觉得这不可能更不可思议，太极拳动作舒缓，每个动作都很慢，怎么可能瞬间将这些高大粗壮的汉子们一推，放出丈外。徐忆中先生也曾接触过一些其他的拳法，他认为既然是较量，那自然是有力气就一定可以打败对方。于是，他自己半信半疑、将信将疑的走上前去和郑曼青大师一试，但无论他如何出招用力、如何攻击，却招招落空，连近身的机会都没有，或者会被直接放倒却不知如何倒地。这让他心生敬意，开始了与郑曼青大师与太极拳几十年的因缘际会。

刚刚开始习练时，年轻气盛的徐忆中先生还未被郑曼青大师所彻底折服。那时的他精力旺盛，特别喜欢运动，在习练太极拳的同时，又习练了摔跤、西洋拳及其他拳术，自恃小有所成。总希望找个机会检验一下自己学的拳术和太极拳哪个更胜一筹。在他看来，太极拳习练起来动作舒缓，十分缓慢，怎么可以和西洋拳等其他的拳术抗衡呢？毕竟两厢对比，力气大的总比力气小的占优势，强壮的总是比弱小的胜算大。再说郑曼青大师个头不高，年过半百，怎么可以抗衡他这年轻气盛的小伙子？于是，他在趁老师与他人交谈时，冷不防地向郑曼青大师出手，想给郑大师一个措手不及，没想到郑大师瞬间身转步移。他还没有弄清楚怎么回事，自己就重重摔了出去，只觉得两眼昏花，面前直冒金星。郑曼青大师扶起他，为他按摩一番。看出了他的小心思，郑大师严肃的告诉徐忆中先生，习练太极

徐忆中（右）与恩师郑曼青

拳是为了强身健体，不是为了和别人争高比低，争强好胜。那次虽然被重重摔倒在地，但徐忆中先生彻底的对郑曼青大师口服心服服了。自此以后，他收心拢性，跟随郑曼青大师悟德修身，习练郑子太极拳。

“习练太极拳自有强身健体的功效”，徐忆中大师缓缓而述，“这在先师郑曼青的身上得到了很好的验证。”郑曼青大师年轻的时候身体状况十分不好，遍求中、西医，但都无效，一度想放弃治疗，但后来他一边自研岐黄之术，一边习练太极拳，渐渐使自己的身体康复超人了。因此，他毕生都习练并且教授大众太极拳。自从郑曼青大师来到台湾教授太极拳之后，台湾刮起了一阵习练太极拳之风，尤其是在20世纪50年代末期，很多人都慕名而来。但郑大师毕竟一个人精力有限，为此，他在自己的弟子之中选中颇为欣赏甚为倚重的徐忆中先生等数人协助教拳。当时的徐忆中先生还在报社工作，任务繁忙，而且觉得自己习练时间较短，很难胜任教授他人的工作。但郑曼青大师告之道，要教与学相长，教授别人的同时也可以使自己的能力得到提升。要学会“善与人同，达兼天下”，将太极拳发扬光大，让更多的人通过习练太极拳获得健康的体魄，享受生命的乐趣。

于是，徐忆中先生便遵师教诲开始了教拳的生涯，他刚开始先协助先师教学生，后来慢慢独立教拳。通过习练和教授他人太极拳，使他心有所悟、艺有所增，更加深入地了解太极拳的真正内涵与玄妙，理解太极拳和哲学、物理学乃至阴阳八卦之间的联系。

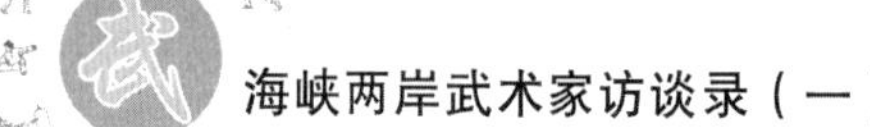

“你们看到了太极大师能够借力打力，将一个扑面而来的人打倒，甚至对方都不能近身。这是为什么呢？因为习练太极拳到了一定程度，就会深谙物理学中的杠杆原理中，能够借力打力，给一个支点一定可以借着它达到转力的作用。”讲到这里时，先生眼中透出股凛凛之神、英武之气。

学拳先要学做人，这也是在自己的习练过程中，郑曼青大师的殷殷之教。习练郑子太极拳要做到三个无畏：无畏吃苦、无畏吃亏、无畏厉害。学拳的目的是为了强身健体，为了防范而不是斗勇，徐忆中先生受教于恩师郑曼青大师并在教授学生的时候也将这些郑子太极拳的思想精髓教授给学生。

1975 年 3 月 26 日，郑曼青大师在台湾突然去世。他的夫人远在美国，当天乘坐飞机飞回台湾。但是，由于种种原因，郑曼青大师的子女买不到飞机票，无法即刻成行，两周以后才能回到台湾，作为郑曼青大师最得意的弟子之一，徐忆中和师兄弟们一起协助师母办理郑大师的后事。根据台湾当地的风俗，凡丧必须由其子在前扶柩。由于郑曼青大师的儿子在美国回不来，郑曼青大师的夫人决定由徐忆中先生等共同扶柩。处理完丧事之后，徐忆中先生自感肩上责任重大，铭记恩师生前的遗训“善于人同，达兼天下”，教授学生和他人时更是兢兢业业、丝毫不敢怠慢。

1975 年徐忆中太极拳单鞭下势

“徐忆中先生在教授学生的时候，绝不藏艺，只要学生能够一心向学，他会将自己术艺心得悉心相传、倾囊相授徐老师很亲切，

他总是想尽办法将自己的拳术心得急数传教给我们，他就是想把郑曼青师宗的拳术毫无保留的流传下去，发扬开来。这一点我们能够深切体会到，我们也会把这种思想一直传下去的。”徐老师的一位弟子心有所感地说到。

除了从拳术方面传播郑子太极拳之外，徐忆中先生更是身体力行，做最大努力把师父的太极精神流传下去。恩师伉俪相继去世之后，其后人为了纪念先人方便，拟将二老的骨灰葬于美国。但徐忆中先生觉得恩师虽然是郑家人，但是他所代表的太极拳属于中华文化的一部分，是中华武术世传瑰宝，其骨灰还是应当留在台湾为好，魂系故土，布泽家国。在他的努力下，郑曼青及夫人的骨灰终于留在了台湾。后来，徐忆中先生又倾力解囊，与师兄弟们及众多友好集资筹款下购买了郑曼青大师的故居，将其改建为“郑曼青纪念馆”，使得郑曼青的遗物及太极拳精神得以保存和流传。郑子太极拳研究会也有了永久性的办公地点。徐忆中先生之举，于郑曼青大师所创郑子太极拳的传播发展功不可没。

在筹建郑曼青纪念馆的过程中，我都是率先捐款，不为别的，只希望自己师父的太极拳精神能够流传，能够有一个地方寄托对先师的思念之情，承载郑子太极拳播传之责，我作为传人有义务。徐忆中先生动情地说。简单的几句话，道出了徐忆中先生对郑曼青先师及郑子太极拳的传承和坚守。

台北郑曼青纪念馆

时到今日，徐忆中先生还保留着郑曼青大师送给他生前穿过的一件长衫。40 多年了，这件衣服，徐忆中先生珍之情之，只有在重要的日子和看重的场合才会拿出来穿一下，这种情分自是难以言表。这时，纪念馆的同仁已将郑曼青先师所遗长衫取来，徐忆中先生崇崇敬敬将长衫穿在身上，睹物思人，徐忆中先生的讲述中更多了几分情意。

随着徐忆中先生的娓娓而述，行前仅有所闻的郑曼青大师的形象便一点点立体起来、鲜活起来。

郑曼青大师可谓腹藏珠玑、才高八斗，所交所识更是谈笑皆鸿儒、往来无白丁。

徐忆中先生带我们参观瞻仰郑曼青先生所画所书之遗墨。先生指着一幅郑先师所画紫藤图讲道，郑先师甚喜紫藤，自况紫藤居士。某日，郑先师于友人吴国桢先生（民国时期曾任上海市市长）家欣赏一幅徐渭所画紫藤图，郑先师凝视良久。归去后，泼墨涂彩，凭记忆画出。改日，与原画相较，一般无二、几可乱真，这即所常道的胸有成竹吧。郑先师与蔡元培、徐悲鸿、黄宾虹、张大千等人相交相往、多有唱和。蔡元培曾题词“三绝”以赠。当时郑曼青大师方是羽扇纶巾、雄姿英发的年华岁月，于诗书画却已登堂入室，堪比肩诸位书画大师。后因病求医无效，遂研岐黄，灵心慧悟，经年几许，治愈自疾，并多为人医，颇见奇效，并着医书，传之世人。

又为健康体魄，因缘际会，拜师习练杨氏太极，甚有悟得，开宗立派，成一代武术宗师。

徐悲鸿大师有诗相赠：昂首欲何为，世情堪长叹，相识岂无人，担缠采薪者。吾友曼青负绝艺而数奇，不得志于时。写此为之象征，亦记有位者之耻也，壬申岁阑，悲鸿。

在徐悲鸿大师所题诗卷前，徐忆中先生又道：曾有位庾家麟先生（现台湾著名歌手哈林之父）穿针引线，绍介郑先师去欧洲举办画展，庾先生欲从中牵合，将郑先师作品与大名鼎鼎的毕加索的作品同示共展。郑先师于毕加索之作不甚欣赏，更不愿借势其名，遂婉拒。世人多惋叹，由此亦可见郑先师独立高蹈，飒飒有屈子之风。

郑先师虽是心高，却又平易近人，徐忆中先生指着悬于高处的一副对联：我乏屠龙手，君能捋虎须。告之，这是郑先师早年所写，寓庄寓谑。上海有制笔名匠徐葆三，善用猫须制笔，有送郑曼青大师，郑先师书此联以赠。

谈及郑先师，徐忆中先生有着讲不完的话题，九十有三的老人一气讲了两个多小时。我们有点担心，劝先生歇一歇，先生却毫无倦意，领我们拾阶而上，来到二楼，指着悬于四壁的字画照片讲，这些大都是在郑先师去世后，为筹建郑先师的纪念馆而多次往返大陆与台湾倾力购得。郑先师先被赞为“三绝”后被称为“五绝先生”，其实郑先师所能岂止五绝。郑先师于棋艺亦是精研有道，曾与鼎鼎大名的象棋大师、台湾冠军谢侠逊对弈五局，两胜三负，仅稍逊一筹。至于功夫巨星李小龙在郑先师赴美教拳时登门就教一事，更是传响一时。

郑先师年近四十又对围棋生趣，潜心经年亦所成，其艺如何，惜无数据可查，但名誉天下的围棋宗师吴清源先生才名初盛时曾拜师于郑先师，郑先师亦有《与清源生谈弈》一诗寄语吴清源大师：一语清源数隽评，莫教意趣失平衡，澄心娴熟搬圈套，坐照频频妙算生。

忆中先生令人取来郑先师诗集，题字以赠，诺诺而接，甚为感谢。一书执手。可神交际会两代大师，幸甚。

徐忆中（左）与本文作者刘丙钧

请徐忆中先生多谈一点自己。

先生轻轻淡淡地一笑，自己所为只不过是承师之志、薪火相传，将先师所创郑子太极拳再传于后人罢了。

多有人邀先生将其数十年习拳授拳之所悟所得著书成文，先生一一婉拒，有郑先师所著于前，自己能尽心尽力将之传播光大，心愿足矣。

先生为郑曼青大师之得意弟子，得师真传，又潜心修悟，加之天赋所在，功力自是了得。

先生米寿之年曾书之道：由哲学的导引经科学的实验证明，太极拳是国粹之首，它能疗疾保健御侮乃至益寿延年，凡我同仁幸勿蹉跎。

先生更是心怀家国之心，九秩之年亦书“人生的意义对国家克尽责任人生的价值对社会做出贡献”，以此自勉并喻之众弟子。

“大而能容，刚而不屈，中而无偏，正而远邪。”先生如此道，更如此行。

先生弟子众多，逢年节或生日，自是要登门向先生为拜为贺，先生一并婉拒并立定例，择一场所，众人团聚，所需费用大家均摊，先生例外不出资，但他另设一戏事，每每出谜令众人猜射，中者有奖。先生笑道，设奖之资逾均摊远远啦。

先生辞亲离乡数十年，每每望月思乡，为此更名“忆中”，直至 1982 年，才得以周折辗转，假道香港回乡，得见高堂老母。

为报亲恩偿乡情，先生解囊出资，召集族人续家谱修家祠，并于村间建起思亲亭，而外，更是筑路掘井，以惠乡邻，设立助学基金以资学子。凡此种种，不一而是。

与此同时，先生更是以武为媒，以拳为桥，沟通和密切大陆与台湾之间武术界、学术界的往来和交流。

为此，先生欣然受聘为南开大学太极拳研究中心教授、台北市萧山同乡会会长，杭州市乡亲联谊会会长等职，且坚持到各地大学授课传艺，为推动两岸文化交流，一尽其心，不遗余力。不仅如此，先生更是不辞辛劳，奔走于世界各地，传拳授课，使郑子太极拳在世界各地广为播传，遍及欧美，

习者日隆。

凭借先生及众多同道同仁的共同努力，在郑曼青大师诞辰 110 周年之际，在台湾隆重召开了“第八届杨氏太极拳第五代名家论坛暨郑曼青先生 110 岁诞辰纪念会”，以慰先师、以偿心愿。

不知不觉中，日暮而降，几小时过去，先生谈兴如故，全无倦意。

和先生同伺郑曼青大师塑像前合影留念，穿越数十年时空，际会两代大师，聆教受诲，有感有悟，肃而敬之。

已是餐时，与先生邻座，先生话题亦是不离先师郑曼青大师。

先生讲，郑先师有养生健体数言赠予先生及同门师兄弟，一边说着，一边提笔写出：行如沙漠走骆驼，处则两足分虚实，坐对人间笑弥勒，卧似弯弓向右侧。

先生遵师训，行之恒久，受益匪浅。

感念先生敬师之心，恋乡之情，亦感念先生题字之厚爱，班门弄斧地作了几句不诗之诗，将先生原名现名嵌于句中，请先生指教：万里关山度海空，七十有年常忆中，殷殷顾乡多有策，更传跨海太极风。

先生欣然，以笔录之。

在先生所持营的郑曼青纪念馆前与先生握手见面，又在郑曼青纪念馆前与先生执手相别，时已很晚，我等请先生先行，先生执意不允，一定待我们上车驶动，方肯离去。

摇车窗回顾，向先生挥手再次告别，先生挥手遥应。

再见了徐忆中先生，再见了郑曼青大师。

如果说郑曼青先生是拓基创业、开宗立派的一代宗师，徐忆中先生则是萧规曹随、续传薪火的一世大家。

回到宿处，心中仍有波澜，执笔记之：欣欣际会两大师，多聆大师叙恩师，太极薪火传之远，亦添识见亦添思。

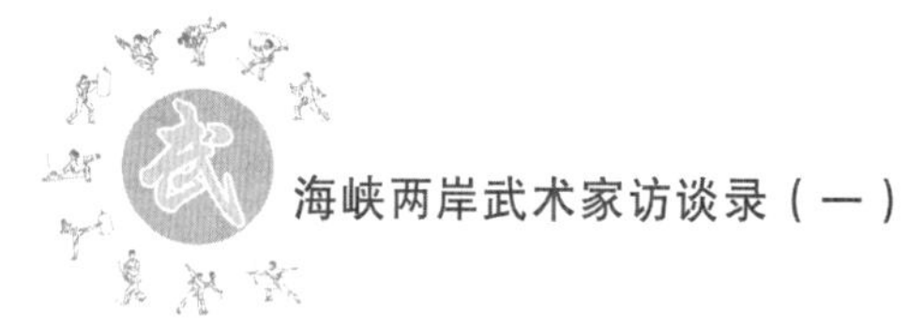

世界武林“徐”继有人

——台湾武术家、中华武术推广者徐纪

◎晔 子 黄 硕

徐纪

有种穿过，叫岁月的河流；有种声音，叫故乡的呼唤。

尤其在海外生活多年的港、澳、台同胞，都有着一种叶落中华的情节，都想知道曾经离开的家乡或者地方是否安好，只要乡音还在，青山未老，同根的渊源就不会离散，无论有怎样的变迁，谁都改变不了骨子里流淌血脉，依然深深地打着炎黄子孙的烙印，如同“中华武术”震惊世界时，哪一个黑眼睛、黑头发，黄皮肤的中国人不为之骄傲？

中国功夫，是中国武术家走向世界的基石。

坐在屋前的躺椅上，身上被透过树荫的阳光沐浴着。一位老人双眼微眯，宽大的衣袍随风摆动，他双手随意地搭在躺椅的扶手上，脑子中却在思考着一连串的问题：老人故去，新人出生；月圆月缺，日出日落，周而复始。没有谁可以阻挡自然界的规律，也没有谁可以阻挡历史发展的潮流。

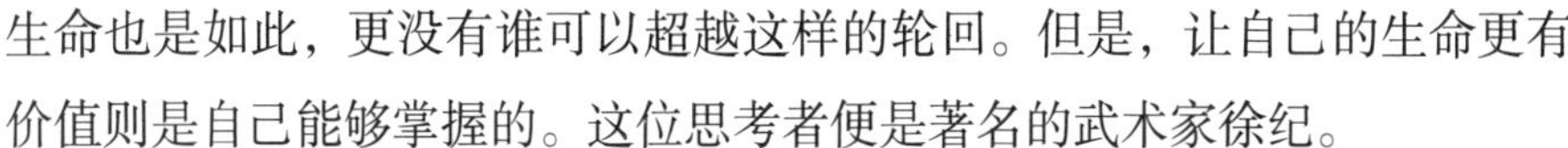

生命也是如此，更没有谁可以超越这样的轮回。但是，让自己的生命更有价值则是自己能够掌握的。这位思考者便是著名的武术家徐纪。

他 1941 年生于南通江北医院，1948 年随家人来到台湾。先后在台东、台中和台北等地居住。擅长六合螳螂拳、八极拳、太极拳等。多年来，他来往于美国华人圈、德国及日本等国；游走于大陆和台湾，是中华武术界著名的武术家和武术推广者。

天荒地老任人评说“本”是同“根”

任凭树影再长，也长不过扎在土地深处的“根”。

徐纪出生在一个军人世家，父亲和叔叔都是军营中人。20 世纪三四十年代社会动荡，兵荒马乱，人心惶恐，各种势力犬牙交错。在这种环境下，徐纪有了天生的警觉和敏感。小时候，他身体有些虚弱，又小又瘦，想要保护自己能够健康顺利成长，成为至关重要的大事。加上他对刀、枪、棍、剑这些玩具情有独钟，爱不释手，“习武强身”的种子便悄然地种在他的心头。

徐纪的中学时代，恰逢台湾繁盛时期。随处都是场子，类似大陆的广场舞。两者不同之处在于，广场舞太吵闹，扰民严重；而那些年的广场武术，都是在各自的地盘上躲闪腾挪，或是悄无声息，或是“嘿哈”有度。

在徐纪的人生字典里，有几个节点是他深刻在心间的。尤其是他开始练习武术的时间，他都记忆犹新。每每回忆起这段往事，他都激动万分地说道：“我的习武时间至今都记得呢，那是我上高中一年级那一年的 4 月 15 日！”

徐父是一位军人，会弹腿功夫。

弹腿是以“屈伸”腿法，配合手法、步法，然后各种组合成中国传统拳术。拳、腿，快速屈伸，以大腿带小腿，集力于足，弹如弹丸，发出巨大力量，就如“弹射”所以叫“弹腿”。

徐纪在学武初期，先跟着父亲习练了十路弹腿功夫。两个月之内，这十路弹腿功夫，学得得心应手。在习练的过程中，徐纪渐渐地发觉，自己

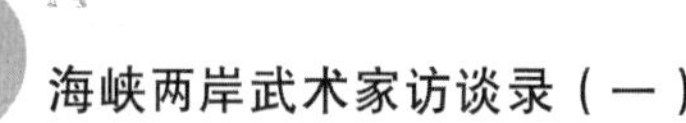

是发自内心地喜欢武术，甚至有点痴迷。有了一些武术基础后，他就在台湾四处寻觅老师，希望能学到更多武术技能。

那时，很多身怀绝技的武术大师因为各种原因来台，他们中有民间武术家，有在南京国术馆受过训练的武术家。当时的台北新公园（现在台湾的 228 公园）中，就隐藏着一位身怀绝技的武术家——韩庆堂。韩庆堂是南京“中央国术馆”的第一期学员，以第一名的成绩毕业。他来到台湾之后，就在植物园和新公园中传授武术。

那年暑假，台湾的天气异常炎热，令人难以忍受。但在台北的新公园中，习武的人无论男女老弱，依然走进公园，照常习练。教授大家武术的韩庆堂早已汗流浃背了，但他仍旧耐心地给当场的人讲解武术的每个招式。

这时，一个年轻人的身影闯进了韩庆堂的视线之内：只见他步法矫健、腰身柔软，着衣简单而不失庄重，神情自若而附有灵气。韩老师暗暗称赞：这个小伙子有基础，有后劲。相识贵在展现，韩老师看了徐纪“十路弹腿”功夫之后，决定教授这个热衷武术的年轻人。

从此，徐纪开始了人生中第一段的拜师学艺之路。

“我和韩老师学习教门长拳等武术，受益匪浅。和韩老师学习的这段时间，我打下了习武的坚实基础”，徐纪说，“当然，我觉得韩老师给我的不仅仅是武术的技艺，他还给了我很多习武的正确观点，指导我今后的习武之路。有一次，他还亲自让我拿器械打他，但他轻而易举地躲过了，并以此告诉我，练好刀剑棍枪的功夫，比奇兵杂技重要。”

时过多年，当年的习武画面仿佛就在眼前。此时，徐纪的眼神突然深邃下去，让人感受到他习武激情背后对恩师的深深怀念。有恩于己，则必要知恩感恩，是一个人最起码的品质之一。一个有情有义的人，会时刻将自己的恩师铭记心间。

热爱武术、求学进取，几乎成为当时徐纪每天的功课。

在徐纪的内心，武术是他毕生追求。天生的警觉和敏感促使他在学习过程中不断有新的灵感出现。在一次习练过程中，恩师韩庆堂告诉他螳螂拳讲求用法，要即学即用。简单的一句话，启发了这个热血青年。他从此明白，武术需要琢磨、需要融会贯通。

八步螳螂拳大师卫笑堂，这个在徐纪的生命里另一位武术家，同样有着不可低估的作用。卫笑堂从山东，经韩国转道来台后，专门教授众人螳螂拳。偶然机会，让徐纪结识了武术大师卫笑堂，开始学习八步螳螂拳。

螳螂拳分为“七星”和“梅花”两种。这两种拳法为同宗拳法。如果看手型动作则是“梅花螳螂拳”；注重脚上功夫的腾转挪移的则为“七星螳螂拳”。老师习练的八步螳螂拳则是独立于这两种拳法，当时只在台湾传授。后来才相继传到欧美及日韩等国。

目前，国外习练的八步螳螂拳都源自卫笑堂。

习练八步螳螂拳之后，徐纪又借和师兄弟换艺之际，他将器械的习练方法教授给师兄弟，并从师兄弟处习练了七星螳螂拳。直到有一天，徐纪结识了七星螳螂拳大师李昆山，并获得李昆山的指教，使他的螳螂拳拳艺大增，这个时候的徐纪才觉得自己有了些武术功底。

共和厅里的武林吼

台北市的“立法院”共和厅，是当时著名的武术聚会场所，师傅、徒弟都很多。他们时常拉开阵势、一起习练。“嘿哈、嘿哈”之声响成一片。在这种习武的环境里，徐纪如鱼得水，兴高采烈，他又遇到了教授形意拳的曹连舫老师。

曹连舫人称“曹胖子”，原来在天津供职，后随国民党来台。他在大陆的时候师从李存义之后师从赵克礼习练形意拳。因师从名门，拳法正宗、武艺深厚。与这个级别的老师习练形意拳，极其荣耀。

徐纪先生（左）与首都体育学院副教授张长念（右）交流

曹连舫在武术

方面有着自己的见解，他告诉徐纪，要想学习形意拳，就要“尽弃所有拳法”。以后，一年多的时间里，他只教授了徐纪一个形意拳的简单动作，三体式和劈拳，这让其他老师都觉得过意不去了，可是徐纪并不说什么，继续训练。基本功，基本功，苦练基本功，也许讲的就是这样的感觉，“连外人都看不下去了”。

宝剑锋从磨砺出，梅花香自苦寒来。

老天总怜渴求人。在徐纪的生命中又出现了一位武学师父——刘云樵。这是一位身怀绝技，很有情怀的武术家。他本是河北沧州人士，家境殷实，从小习练武术，八极拳、劈挂掌等都娴熟于心。

刘云樵本是军中男儿，因机缘巧合，他从上海来台。经过了一系列的社会变迁，他对环境、对社会有了深深的感触。在台湾期间非常低调，断绝了和台湾地区武术界的往来。

武林界没有忘记这位德高望重的武术家。在台湾地区武林同仁的多方劝说下，刘云樵被请到台湾有关当局，展现了八极拳和劈挂掌。

刚开始，刘云樵并没有收徐纪为徒，而是先让他放下其他拳法，和他习练三个月的拳。在这期间，徐纪每天下午一对一地和刘云樵习练四个小时的拳法，学习劈挂掌。经过各种练习，以及知根知底的认识、考察，刘云樵才正式收徐纪为徒，教授他功夫。

刘氏门派的最大特点就是很重视基本功。

这和台湾其他习练者有很大区别。习练的过程也很有意思：其后，他开始跟随刘老师学习八卦掌，而若要习练八卦掌，就需要桩子，但当时的条件又不允许。因此，那时的徐纪身上常会携带一柄折叠刀和一迭砂纸。来公园的民众经常发现，在公园里会有人围着一两颗大树习练八卦掌。那把折叠刀和砂纸是用来将树皮削平整的。

除了八极拳、劈挂掌及八卦掌之外，徐纪还和刘云樵学习了迷踪拳、太祖长拳等各种门类。徐纪跟刘云樵老师学习的武术最多，也最广泛。刘云樵老师就像一个百宝箱，每次习练都应接不暇。

刘云樵可谓十八般武艺，样样精通，功夫十分了得。太祖长拳是刘云樵的开蒙武学。据说，这个太祖长拳的发明者是北宋的开国皇帝赵匡胤，他最著名的武功是棍法，可惜刘云樵并未习练。自然，徐纪也无法习练这种棍法，徐纪对此有点遗憾，只学了太祖刀的夜战刀，然而极其钟爱夜战刀法。

在刘云樵看来，徐纪最大的问题还是过于刚强，柔韧度较低。

因此，刘云樵在教完徐纪八极拳之后，就开始让他习练一些柔化的拳法。当时的徐纪并不以为然，他觉得习练八极拳就可以刚柔并存，只是习练方法不同而已。

和刘云樵私交甚好的一位杜毓泽老师，是陈式太极拳老架和忽雷架的传人。

刘云樵深觉，自己的这个徒弟柔韧度不够，就在一次偶然机会中强行把徐纪带到老友面前，让他跟着老友杜毓泽习练太极拳。徐纪武林生涯里的又一次转折高峰出现了。

现在，外国人一提起太极拳便说“中国功夫”。太极拳能流传到现在，一定是功夫，这点没错，它有它的攻防技术。就像以前，太极拳就是武术。这里面有很多因素、招数、变化数。

那时的徐纪，一边要和自己的恩师刘云樵习练拳法，另一边还要到恩师老友杜毓泽老师家里习练太极拳。那段时光忙碌且充实。他在杜老师家里先习练老架四年，在学忽雷架也是四年，后来又相继学习了炮锤两年，没想到最后竟然喜欢上了太极拳。

一路走来，在众多大师的引领和教导下，徐纪一边求学一边习武，可以说是文武并行，双向发展。学习经历给他接下来武术的发展、传播，奠定了坚实的基础。为他武术事业的开展增加了永久动力。

1978 年，徐纪背上行囊，坐上飞机，离开了台湾前往美国。

旧金山，是一个华人聚集的地方，许多中国人到美国的第一站便会选择在这里，它还是“中国功夫”在美国发展最好的城市。这里，聚集了太多的华人华侨，当然包括来自大陆、香港、台湾的武术家们。

那个时候，徐纪曾认真称赞旧金山应当封为美国的“功夫首都”。这里聚集了各行各业的人群。自然，武馆之类也是随处可见。因为受到功夫电影的影响，很多美国人对中国武术特别痴迷，而徐纪要在美国发展的的重心就是推广武术。

徐纪在旧金山马不停蹄地运作，通过各种努力，在当地举办了许多宣扬武术的活动，比如旧金山艺术宫的武术表演；在“二战”日本投降时签合约的地方办武术表演等。后来，他在旧金山当地，还举办了中国武术世界杯活动。这其中，有一个活动，一下子轰动起来了，它就是“五代同堂武术”活动。

当时，他想在美国办一个五代世家习武的表演活动。美国人不相信徐纪能够成功，但徐纪努力办成了，这一动作在当地影响巨大。在此之后，他的事业走上顺利的轨道。后来，他又在美国的纽约、芝加哥、达拉斯、休斯顿、拉斯维加斯等办理活动，推广中国武术。

一系列推广活动赢得了美国当地的认可，他本人也获得了诸如武术推广者名人堂、黑带名人堂、功夫名人堂、武术名人堂等很多荣誉，被当地武术界赞誉、传播。报纸等媒体也是铺天盖地的宣传，曾登上中、日、美、欧各种语文的武术杂志封面二十余次。

接下来，徐纪继续扩大前进的脚步，他心想的不是荣誉，而是世界对于中华武术的认可。这一理想的信念一直延续到现在。

从此后，他到美国，到日本、西班牙、荷兰、德国等国家宣传中国武术。

实际上，单从广义方面理解武术，那么世界上每个国家都有属于本民族自己的武术。可是，将武术提升到如此程度，变为系统并长远保留下来的只有中国。

徐纪说：“比如说亚洲各国的武术，它相对于咱们中国的武术就显得比较简单。日本有很多武术也是借鉴咱们，但中国武术千变万化的精髓在日本和韩国的武术中看不到。相比而言，中国武术无论从招式还是内涵方面都有着纷繁复杂的过程，不潜心研究学不到真东西。”

由此可见，从一个武术的习练者，到武术的传播和推广者，徐纪用实际行动践行着一个武术家的应尽的责任，坚守着中华武术这块瑰宝，向世人展现中国传统文化的魅力。

武术精髓需要通过桥梁走向远方

江苏南通的护城河里还响着优雅的汽笛声，水中还在荡漾着乌蓬小船，桨声一声一声地从远方来，又到远方去。这些小时候的记忆，印在徐纪的儿童时光里。这个地方是他的家乡。

许多年来，儿时的记忆浮现在脑海里，好多画面依然魂牵梦绕。

徐纪说他命好，终于等到了一个恰当的时间，使童年的记忆逐渐清晰，这就是随着两岸的不断交流，两岸人民的水乳交融，那些和谐而友善的画面，使他走过千山万水，也忘不了家乡小路的缘故。

在台湾，在他的武术生涯中，出现了那么多的老师和贵人。掂量着，哪一个都是恩师，都曾经用心血在浇灌着他。他的血液里流淌的依然是中华文明的精髓，是“知遇之恩，涌泉相报”的美德传承。虽然，徐纪长在台湾，可大陆一直都在身边。因为所有的武术老师都来自大陆，河南、河北、山东，都有。这些老师身上，那乡音、那气质、那做派，一颦一笑，话里话外，都是勾起他对故乡情思的引线。

那个时候，他就下定决心，学成之后，要用武术架起连接两岸的桥梁。

徐纪的心中有一幅波澜壮阔的画面，那就是黄河。

“黄河水浑，洛水清”，这两道水，在中国大地上的“河洛村”交汇、相遇，巨大的两股力量碰撞、融合，像是拧成了一股粗大的绳子，旋转、旋转，激流暗涌。再看，那两水交汇处，就是巨大的“旋涡”，气势逼人，雄壮又神秘。

为了武术寻根，徐纪来到河南温县陈家沟，到那里去了解陈式太极拳的来龙去脉。

陈家沟是太极拳的发源地，是很小的一个小村庄，不足三千户人家。现在，中国政府已经把“太极拳发源地”的牌子挂在了陈家沟。

徐纪来到大陆后，他到过南通，去过河北、山东、江苏、河南、陕西等市地，他的心愿之一就是当年那些从这片土地上出来的武术家们，到底生长在怎么样的一个环境下，为什么会有那样出色的成就。和当地的武术

徐纪

家们深度交流，希望零距离感受当年恩师习武的环境。

徐纪到了河南温县陈家沟后感慨万千。后来，他邀请美国的武术队来陈家沟参访武术，让国外习练武术的人也能够体验中国武术之乡的氛围。

徐纪说："2015年，上海与台北姊妹市的双城论坛邀请我去参访，我当时就对台北提出一个请求，可不可以参访完之后回老家看望一下家人，我就第三度回了趟老家，也算了却一桩心事。"

徐纪的贡献，除了本身武术造诣外，在理论上，他率先提出了四种太极拳的理论：太极操、太极舞、太极劲、太极拳。

太极拳有刚有柔、有快有慢。从少年到老年，任何阶层都可以练习，可是外国人一提到"太极拳"就说是"功夫"。这里就有了误会了。功夫是能够用，自卫、保卫等，那才是"功夫"。针对这种情况，徐纪经过多年实践与总结，提出了"世界上流传着四种太极拳"之说。

第一种叫"太极操"，就是老大爷、老大娘每天练的，去公园或者广场，去了就练，一俩小时，然后该干嘛干嘛，不管对不对，像不像，反正跟做操一样，这种练习叫太极操。

第二种叫"太极舞"。太极舞，中国大陆每个省都有一个武术队，年轻人练，专门供比赛用的。现在国家不允许以打斗来论输赢，许多时候只能按照规定的框框进行套路比赛，比赛里面很多都是高难度的，如腾空高跃、旋转360度、单腿支撑等。把这些体操动作加进太极拳里，变成了一种舞台艺术。

不讲技术，跳得高、蹦得远就是漂亮。看着觉得非常飘逸。年轻人比这个。中老年人过了四十岁，都练不了，这种专门供比赛用的叫"太极舞"。

第三个叫“太极劲”。太极劲是什么？很多人学了太极拳以后，不去研究它，把它传玄乎。比如说有“凌空劲”。什么“隔山打老牛”之类，其实没有一点科学根据。这种人千万别说自己是学“太极拳”出身的。

第四种才是“太极拳”。以前，太极前辈们的那些传奇故事，有些是真的，有些是假的，比如陈家沟，人人都知道一些传奇故事，几乎都与太极拳有关。现在，大家似乎明白了，太极拳必须与武术二者结合起来，才可以称为“功夫”，出神入化。

以上，就是徐纪划分的世界上流行的“太极拳”的四种情况。他的这种分析十分形象、到位。这是徐纪个人的意见，他要做点事情。

这两年，徐纪正在策划着给恩师刘云樵在沧州老家立个功德碑，沧州政府已经批准了这件事。他说：“我联系了自己的师门，大家慷慨解囊。如果一切顺利的话，给刘老师立碑的事情就能如愿开展了。他老人家去世了，但他的功绩应该被大家了解。”“有了碑记，就可以大量吸引刘老师在全球各地的同门弟子们回国来参拜，加强武术的国际交往。”

这段话让在场的人无不为之动容。

现在，徐纪除了往返于两岸之间外，最关心的还是武术在年轻一代的传承。

祖国大陆和台湾目前都有年轻人习练武术，但是现在年轻一辈的习武者普遍没有上一辈人刻苦和踏实，他希望能够引起政府的足够重视。

几年前，他只身前往祖国大陆，到北京天坛外的体育一条街，晚上就上灯市口，去一一拜访大陆主管体育的官员。徐纪语重心长地说道：“也许我的努力很有限，但我希望通过我的坚持，可以引起政府的重视，武术传承需要有政府的助力，才能有影响力和发展前景。”

现在，徐纪依然用自己的力量守候着武术的传承。此时，武术与故乡在他身上已经很难分开，浩然之气、清逸大勇，博爱大同，他的内心蕴含着积极友爱的精神。习武者修炼的教人走庄严的大道，有着气魄与气节。因为中华武术是一种文化，一种精神，是属于世界的中国民族的精神之一，博大精深！

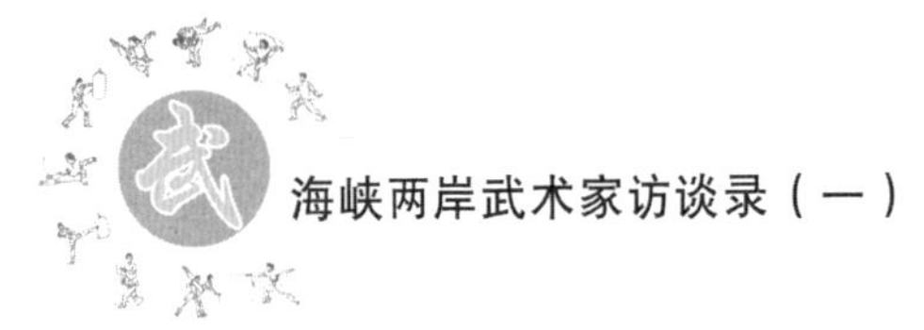

一棍一拳连海峡
——台湾武术家唐克杰的武术生涯

◎ 黄殿琴　古云霞

四面是海，三面是波涛，还有一面是相望了几十年的乡亲父老。这几句话来形容武术家唐克杰是恰当的。唐克杰原名宗水，生于 1923 年 6 月 20 日的南京市莫愁湖南岸水西门的莫愁路。是中华武术、警棍术的传承者。精于警棍术、擒拿术，以及长拳体系的拳术、器械。曾在台湾省警界任职 39 年，并于上世纪 70 年代亲创警棍术，著有《警棍术》一书。从 1960 年代开始，在台湾许多大专院校创立国术社团，培育了很多武术界精英。退休后，在台湾地区的文化大学国术学系传授国术长达 17 年，为当地的大专国术专业课程作出了很大贡献。

兴致所向　坟地武功

唐克杰出生在南京市，这里聚集了全国的精英。1928 年在南京成立了“中央国术馆”，并且还在各个学校设置国术课程。这一举措使得全国各地门派的武术家汇聚于南京。生活在这样的氛围下，让少年时的唐克杰能够有更多的机会接触武术。加上他从小就对武术有很高的兴趣，就促使了他学习武术的决心和志向。加之唐家当时经营着餐馆，唐父思想较为开放，对唐克杰习武学拳的举动并不反对，这又给唐克杰提供了一个学习武术的良好环境。

从读书开始，他便对武术产生了浓厚的兴趣，中学阶段，更是利用休息时间起床跑步，练习武术。但唐家并非武术世家，因此学习武术就必须向外人请教。直到现在，他回忆那时学习武术的日子还十分怀念：“那时我是特别喜欢武术，但是周围习练武术的人毕竟很少，所以我只要一有空闲，就背起书包，到处打听哪里有会武术的老师，打听到了就赶紧找过去，拜托人家教我功夫。一听到哪里有人教武术，我一定会去看看。那时候真是发自内心的和真诚的拜托人家，而且很有礼貌的。”唐克杰说到。仿佛这些事情发生在昨天。

但真正让他走上武术之路的便是和尚庙里拜师那段。当时，有七八个小伙伴都对武术很感兴趣。大家听说在南京城外有一个和尚庙，里面一位法号一尘的法师，擅长武术，他的武功了得。唐克杰一众人就前去哀求一尘法师，让他教授大家功夫，可是法师并没有答应，而是选择了不予理睬。众人再三苦苦哀求。法师仍然没有教授他们功夫的意思。“当时我们几个真的很虔诚地求法师，就告诉人家我们真的想学习武术，求求法师教授我们武功吧。”唐克杰回忆当时的情形，仍旧历历在目。最终，法师为这些孩子们的真诚所打动，答应教授他们武功。

但法师也有自己的原则，他是不对外教授学生的。他告诉唐克杰等人，如果想学习武功，就只能在晚上十点之后到城郊庙后的一片空旷坟地上学习。听到是一片坟地，而且还是在晚上，很多人就有惧怕心理，况且坟地所在的地方连一条路都没有，想一想也十分可怕。但是最终想学习武功的决心战胜了恐惧。唐克杰一行人每天按照约定时间准时到坟地上习练武功。刚开始，法师只让他们练习蹲马步，本以为过几天会传授武功，但两个月过去了，法师每天的习练科目仍旧是蹲马步，连一招一式都没传授过。

唐家三代传承中华武术

经过大半年的光

阴，法师总要让他们等三、五次才会出现一次，而且每次只教授半招，大部分的时间就是让他们蹲马步，一蹲就又是一两个小时。一起来的同学渐渐就开始对这位法师产生了怀疑。甚至有人认为，其实法师并不想教他们功夫。于是，有几个人便渐渐的不来了。

又过了两三个月后，习练的内容仍旧停留在诸如蹲马步这样的简单动作上，其他几个同学也开始动摇，不来了。后来就只剩下唐克杰和另一个同学练习，他们仍旧坚持习练蹲马步。法师似乎没有改变主意，习练的内容最多的仍旧是蹲马步，而且还是隔三差五来一次就这样，另一个同学干脆也不来习练了，最后剩下了唐克杰一人准时只身前往坟地习练。法师终于看到了唐克杰的坚韧和坚持，开始慢慢教授他武功，从踢腿、压腿和弹腿开始，直到复杂动作。

“那时候我学功夫学得慢，常常一个动作就要学习很长的时间，但是我不怕，我就在那坚持练习。直到把每个动作学好为止。”也正是由于他的苦练和坚持，让法师看到了这个小伙子对习武的热忱和执着，法师决意传授八步连环掌、九步连环掌、四路查拳及各式刀、枪、剑、棍等技艺给唐克杰。同时，法师还把太极刀及棍术这两种兵器的使用方法传授给唐克杰。

跟随法师学艺的三年中，唐克杰十分认真和坚持。法师对他要求也很严格。一招一式的错误都不会放过，希望自己的徒弟能够扎实地学到自己所有的功夫。直到现在，唐克杰每每回忆自己启蒙老师一尘法师所教授的动作时，仍旧历历在目。可见当时法师对这位徒弟的期望有多深。

除了教授徒弟武术之外，法师还在武德方面对唐克杰进行教育。让他谦虚、仁爱等，同时，还希望自己的徒弟有朝一日能够报效国家，为国增光，因此，他给自己的徒弟赐名“克杰”。

辗转台湾　再拜良师

“七・七事变”之后，日本开始大规模入侵中国。唐克杰一家迁居江北乡下避难。抗战胜利之前的这一段时间，由于战火不断，国家动荡，因此，唐克杰只能赋闲家中，练拳也是偶尔的事情。

抗战胜利之后，唐克杰返回南京家中，顺利考入南苏高中就读。高中毕业之后曾经在家里帮父亲打理生意，但他仍旧希望从事和武术相关的工作。最后，在任职警备大队的姑丈引荐下，进入南京首都警察厅特别警备大队服务，主要做行政方面的工作。

1949 年，随着形势的变化，唐克杰和同事一行经杭州转至福建省，后又碾转到海南岛的警察局担任办事员一职。1950 年唐克杰来到台湾，由于地理及语言等原因，他曾经到台湾南部地区工作过一阵，中间还有一段经商经历，但终因志不在此。最后又回到台北，并希望恢复自己的警职，但因为证件丢失而未能如愿。后来只得在中山堂担任警报器临时管理员。

在此期间，唐克杰没有停止习武的习惯，他利用清晨的时间到新公元习练拳术。他的这一举动引起了当时在新公元教授武术的警察学校教官韩庆堂的注意，并得到了韩庆堂的心底认同。韩庆堂祖籍山东省即墨市店集镇西枣行村，是民国时期著名的武术家。他师承家传，擅长铁砂掌、六路短打及伤科诊疗，还擅长埋伏拳、炮拳、连步拳、三才剑、八卦刀、螳螂拳、中国式摔跤。最擅长擒拿，有“千手擒拿”的称号。1930 年以第一期教授班第一名的成绩毕业于“中央国术馆”。1934 年担任浙江警察学校教官。1947 年到台湾，在台湾设立的“中央警官学校”及台湾省警察学校担任技术教官。

唐克杰教授警棍

于是两个人便开始了交流。得知唐克杰的基本情况之后，韩老师建议他重新报考台湾省警察学校第十九期就读。之后，唐克杰认真习练自身武术和备考，最终顺利进入警察学校学习。

在经过几年的警察基本训练之后，韩庆堂正式将唐克杰收入自己的门下，开始教授他长拳。从此，唐克杰便成为韩门武术的传承者。回忆当时的入门经历，唐克杰记忆犹新："刚开始的时候韩老师并没有收徒的意思，我也是经过几年的基本功练习之后才入的门，没有基本功或者基本功差的话，和韩老师也不会有师徒之缘。"

韩庆堂是第一位在台湾大专院校成立国术社团的国术老师，同时，他又亲自担任警察学校、警官学校的教官。因此当时跟随他的大弟子包括沈茂惠等人都经常跟随韩庆堂四处教拳。他们利用课余时间还在新公园、植物园等地传授武术，在唐克杰入门之后的十余年，韩庆堂教授了唐克杰连步拳、十字趟、埋伏拳一路及二路、擒拿对打、太祖长拳、三路炮拳、八卦单刀、七星刀、三才剑（对剑）、昆吾剑、戚门剑、杨家枪、六合枪、少林枪、大刀进枪、棍对棍、双匕首进枪、双刀进枪、三节棍进枪等数十个套路。由于唐克杰的勤奋和对武术的坚持和热爱，韩庆堂将他视为压箱宝的七星剑、离滑枪等传统武学上不轻易传授、几近失传的经典套路也都传授给唐克杰。之后，韩庆堂的徒弟沈茂惠、唐克杰、姜长根、王建绪、孟显明等五人，因功夫深厚且经常参与各项演出，还被台湾国术界称为"韩门五虎"。

从警察学校毕业之后，唐克杰被分配到台北市警察局工作，在之后又相继担任警察学校警棍术教官，也在警察学校、警官学校及宪兵司令部担任国术教官，在警界服务长达30年。在警界工作期间，他在各大专院校担任国术社团教练，为台湾省培养了大批武术精英。退休后，唐克杰又进入中国文化大学体育系国术组担任讲师17载，在武术的传承方面发挥了自己最大的作用。

在韩庆堂的指导下，唐克杰的武艺有了更进一步的发展。同时，韩庆堂还引荐他到青岛武馆高手的高芳先和武绍林家中，之后，唐克杰便利用闲暇时间和这两位老师学习了六合棍、连五掌、剑对枪、双钩、双剑；另外，在恩师的引荐下，唐克杰还跟随王松亭学习了七星螳螂拳。

一技警棍　横扫南北

台湾的警察配备警棍。但当时很多警察根本不懂得如何使用警棍，遇到突发性的事件，总是用警棍乱打一气，加上当时台湾省的警察配备的工具比较多，难免会有拖沓。唐克杰由于习练武术，从事警察工作的时候又特别爱钻研。所以，1963 年他结合武术的动作，把刀剑的用法编入警棍的使用中，自创编了一套四用警棍（棍子、哨子、瓦斯枪、指挥棒）的警棍术。警棍术的发明让警棍变得一具多用，使警棍的实用性加强。恰逢台湾省全省征集相关发明，唐克杰从众多作品中被选拔出来。1964 年唐克杰由此获得了专利证书。但当时台湾当局的财力不足，希望唐克杰自己出钱来做警棍。因为自己财力有限，加之制作警棍的供给范围太窄，如大批生产会面临销路问题。因此，大量制作警棍的事情终不能成行。

在当时的台湾地区，配置手枪的警察仅占少数，大部分警察还只是配备警棍。既然警棍术已经创造出来了，如何让当时的警员们学习并应用这套警棍术变得十分必要。于是，台湾警察有关负责人郭永在日本时，发现日本警察掌握的警棍技术很多，他回台立即督办警棍术教材。唐克杰得知此事后，马不停蹄的开始编写警棍术教材。由于他身怀武技，又亲自创制了警棍术，所以他可以结合武术和自身多年的警界经验，编写了两年之后终于完成了。编写成书之后，唐克杰夫人还曾亲手缝制警棍术第一套教材。

警棍术完成之后，唐克杰即刻将其送往警务处审查，经过专家审查，唐克杰的这套警棍术明显优于其他人编写的。因此，这本由唐克杰精心编制的警棍术教材成为警察机构的指定书籍。警务处还将此教材定名为《警棍术》，这本书将警棍的使用方法和技术做了系统的介绍和说明。从此唐克杰开始成为警察学校的警棍术教官。这套警棍术的教材通过了时间的考验，自 1971 年开始沿用至今，目前在台湾地区的警察学校仍旧沿用唐克杰的这套教材。《警棍术》近 40 年来一直是警界、警校必修的课程之一。

除了担任警棍术教练之外，唐克杰还在台北市政府警察局工作，经常参加警务处为加强警察执勤能力的技术干部培训班。在此期间，习练了柔道、

唐克杰枪术照

擒拿、射击等应用技能训练，并获得了优异的成绩。训练班结束后，他便任台北市警察局技术教官，负责台北市全部警察的技能训练。又先后担任了台湾省保安警察第二总队太极拳教官、台湾省警察学校警棍教官以及“中央警官学校”警棍术教官等职务。用自己最大的努力，通过教授警棍术来为武术、为社会作出自己最大的贡献。唐克杰在平时教育学生不要跟别人争。自己和别人比赛的时候故意输给对方，除非是代表自己的单位，那是一定会拿冠军的，其他的时候总是告诉别人，自己武艺不行，实际上是想要把机会让给别人。

在教授学生的过程中，唐克杰并没有停止对武术的热爱和追求。他总是在平时留意观察哪些地方有好点的武术家。然后就趁周六日，背起行囊，拿上刀或者练武枪就出去找别人学习，虚心请教对方。台湾的南北东西都能发现他的身影。因为是韩庆堂的学生，自己还得了个“韩门五虎”的称号，加上自己有创编了警棍术及教材，其实唐克杰的名声早已传遍全台。但他仍旧能踏下心来去找武术好的人谦虚地请教对方，让所有的武术人士对他都充满了敬意。说是学艺，不如说是和其他武术家交流技艺。在访艺的过程中，他能做到不妨碍别人，谦和、礼貌，每次登门必带礼品，对方往往也觉得很兴奋，就对他很敬佩。在学习过程中都不会争强好胜，被请教的一方都愿意和他切磋武艺，因此每次的探访都能有所收获。久而久之，唐克杰的武艺有了更大的提升。

海峡两岸 传承经典

唐克杰自从 1947 年来到台湾之后，就和老家里的人失去了联系。后来随着形势的发展，回老家的可能性就更小了。思乡心切的他时时盼望着能够回到家乡见一下亲人。

实现“三通”后，回家成为了可能。经过几番努力，他终于回到了老家，见到了亲人。唐克杰的三弟保存了哥哥曾经的习武兵器，这些兵器很多都已经超过了一百年了，唐克杰将它们带到了台湾，自己保存了起来。

随着大陆近几年对武术的重视，很多机构也开始重新思考如何加强中华武术的传承的发展。唐克杰感慨地说：“如今我的年纪大了，不知道还能为海峡两岸的武术传承做多少事情。大家都是同根同宗，只要能做，我一定尽力来做！”但是由于唐克杰身体原因，他已经不能像以往一样的健谈和活动了。唐克杰的儿子明白父亲的一番苦心，他也感叹道：“祖国大陆和台湾同出一族，很多台湾的武术大师都是从祖国大陆过来的。有些武术在祖国大陆由于时间的变迁多多少少有些遗漏，台湾的武术也要向祖国大陆学习。如果以后有机会，我们愿意尽自己最大的努力来加强台湾和祖国大陆的武术交流，共同促进中华传统武术的发展，我们每一个人都有义务。我父亲也是这样想的。虽然我们精力有限，但仍旧愿意为中华武术的传承做点贡献。”在传艺方面，唐克杰至今没有收过徒弟，好多人很早的时候就要拜师，但是他却坚决不让。很多人不解其中的缘故，他自己说：“我之前相继拜过几位老师，因此我知道，一旦拜师，就必须要听从老师的安排，不能随意习练其他门派的武艺，我后来出去和各位武术家学习武术，也是在我恩师去世之后的事情。我才明白，拜师之后对学生来说就是束缚，学生就不能自由发挥自己的能力了。跟我学的人就认真地学习，我但凡会的武术，我就全部交给他，只要他能认认真真学好就行。从我这里学完之后，他也没有顾虑，还可以向其他老师请教武术。”因此，在唐克杰的名下，没有正式的徒弟，哪个愿意跟着学习他就认真教学生。因为他崇尚各家武术，也希望学武的人能够冲破门派的限制，吸收各家武术的长处。唐克杰

唐克杰儿子唐正伦指导女儿习武

自己的儿子前几年学的都是竞技武术，并没有和他学传统武术。很多人不太理解，他却说，学学别人的武术总是好的，自己的武术早晚能学的。正是因为他开明的思想，很多和他学习武术的学生都能得到全面的发展。

这种思想也影响了唐克杰的儿子，他的儿子现在专职在家继承父亲的传统武术，他还有一个愿望：招收到几名有天赋的学生，将自己的家传武艺全部传承下去，弘扬中华武术。无论是在祖国大陆的还是在台湾的人，只要有天赋，是块学武的材料，他都会教授。

纵观唐克杰的人生，他从初中开始就接受了中国传统武术的训练。后来虽然辗转杭州、福建、海南等地，最后还颠沛流离的来到了台湾。但他在启蒙恩师一尘法师的严格训练下，又经过韩庆堂老师的指导，后来他又开始和武术界的各位武术家学习武艺，而且是不厌其烦地学习。这些都源于他对武术发自内心的热爱和痴迷。学成后，他进入警界工作，其间又创制了警棍术及学习警棍术的教材。亲自担任各大警察院校及高校国术系讲师。并且，在其退休之后还屡屡受到相关部门的嘉奖。获奖之后，他还在虚心向别人学习，日夜不停地习练武术，并认真教授每一个向他学习武艺的学生。在此期间，他在中华国术会担任训练组与表演组组长，还多次担任台湾当地各个武术比赛的裁判，协助了台湾地区许多国术竞赛事宜，并赴马来西亚进行武术表演，将中华武术传向了国外，提升了世界对中国武术的认知。他在武术的教育岗位上培育了无数专业人才，为中华武术的传承和发展贡献了自己的一份力量，也为祖国海峡两岸武术的发展作出了自己的贡献。

刚柔相济承上下　功练缠丝走天涯

——台湾地区武术传承人黄裕盛

◎冷　冰　巩亚敏

武者如一条线，连接着历史中的昨天和今天；

武术像一架桥，连接着习武者和社会的关系；

武术是一条河，在川流不息的流淌中承载传递着中华传统文化的精华。

武术是中华传统文化的精华，而习武者传承这一文化基因的关键所在。作为武术儿儿太极拳传人的黄裕盛正是一位潜心传承武术的大家。功到自然成，功夫不到自然不成。太极拳属内家拳法，修炼人内力，调整内在气血运行，一日修炼一日功，日日可累积，武拳文练、文武兼备、内外兼修才是太极拳的基本内涵。太极拳具有刚柔并济、松活弹抖、运化在腰、气归丹田、气贯四稍、身法端正、立身正中、不偏不倚、裆走下弧等特点。习练太极拳必须以德为本，充分理解静、净、敬的深刻含义。太极来自于无极，无极是太极之始。现如今，人心浮躁，急功近利，多是缺少“静”。静是客观判断，分析明辨；静本义为明审，色彩分明，无污染无杂念。心静才能明理，水静方能

黄裕盛

鉴物。水止无波谓之静，心净脱尘谓之静，声停音息谓之静。习太极拳就是不断追求静的过程。

1932 年，黄裕盛生于台湾台中市。谦虚低调是黄老给大多数人的第一印象，这样的性情让人特别愿意去接近他。机缘巧合与武术结缘，便与武术相伴一生，而今，他曾服务公职台中县捐税处，又是台湾地区太极拳总会理事长，正用实际行动传承武术精华。

与武结缘一练就是一生

人生如水，平缓激越，执一颗素心，静默穿越。人生如酒，自品自酌，执一份淡定，冷暖自知。习武中，真情，真义，珍惜于心；万事，万物，领悟于怀。黄裕盛从小对运动就很感兴趣，读书期间参加了学校的各项球类运动，是一名非常活跃的学生。用“旷野”这个词划刺一下，童年便展露无遗。黄裕盛从小睡眠质量就不好，加上市区喧闹，又加重影响了他的睡眠质量，在很长的一段时间里，他饱受失眠的困扰。在看了很多医生无法彻底缓解症状的情况下，他的一位朋友建议他习练武术，试试是否能缓解失眠现象。他便拜在了陈泮岭门下学习形意拳、八卦掌和太极拳等武术。年年岁岁花相似，岁岁年年人不同；陈泮岭 1950 年移居台湾，以形意拳、八卦掌和太极拳等而闻名当地。他生于河南，早年因为做事出人意料，不同寻常，又在家中排行老三，因此人送绰号“陈三疯子”，没想到因习武而取得了很好的成绩。黄裕盛的朋友便引荐他投师陈泮岭门下。令人惊讶的是，习武之后的黄裕盛，失眠的症状竟然痊愈了。伴随失眠症状的消失，再加上每日的习练，黄裕盛对武术产生了浓厚的兴趣。云开日出红，青花瓷镀上一层金色，潜心于此，一练就是一生。

生命的轨迹千变万化，一个人走了，另一个生命会延续他的传奇吗？1963 年，陈泮岭去逝，黄裕盛又相继跟随杨籀文、雷殊曼与陈金宝大师兄等继续学习。在这过程中，他谦虚请教自己的各位师兄们，最终将老师生前教授给自己的各种国术拳剑等套路掌握娴熟。后来，黄裕盛有幸遇到了来台的青岛国术馆出身的武术大师林善民、辛洪源、武绍林等，他们都将自己的技艺精华如各种拳技及器械等传授给黄裕盛，使他的武术功底进一步深厚。但黄裕盛仍觉得自己欠缺，于是，在1972年投到刘培中的门下学习仙宗道功及拳剑。1975年，被刘培中颁授太极拳剑总教练证，踏遍台湾地区开展太极拳推广活动，黄裕盛也加入其中，将所学的太极拳加以发扬光大。黄裕盛习练武术种类较多，但无论习练哪一种，他都投入了百分之百的刻苦和努力，力争将所学的武术牢牢掌握。雾凇挂在一排排树上，雪早已落定，雪在哪里，风就到过哪里，雪画出了远山的山脊，风梳理了形状和声音；走过小河走过草地走过山岗，走过风雨走过春秋走向辉煌；在黄裕盛坚持不懈的努力下，他终于将所学融会贯通，为之后传播武术打下了坚实基础。

人生好似调味瓶，酸的是惆怅，苦的是过程，辣的是锻炼，甜的是成功。我不禁暗叹也深感敬佩这个刚毅的男人，这是成功者的一种能力也是成功者的一种魔力，战胜艰辛，它就是他的财富；艰辛战胜他，它就是他的屈辱；有风雨才是生命的本色，欧阳修的名言“渥然丹者为槁木，黟然黑者为星星”，生命的内涵外延，操浆架舟，横空出世。“行止无愧天地，褒贬自有春秋”，采访过程中，字里行间的谦诚表明了黄裕盛的素养与品格的高尚，黄裕盛自己的孙女从小就在爷爷的影响下学习武术。恰好那个时期她也在学习舞蹈和钢琴，所以身体的柔软度也很好。在她八岁的时候，黄裕盛便简单地教一些功夫。那时候在黄裕盛的家里每天都会有很多人一起习练武术，他的孙女就在大人的影响下慢慢习练，后来就跟着黄裕盛出去表演。在这种氛围的影响下，黄裕盛的孙女在武术方面取得了很好的成绩。问她为什么学习，她觉得大家都在习练，自己刚开始看大家习练很帅，就不自觉地和大家习练起来，到最后在爷爷的指导下正式学习武术成为一种习惯。诗一桨词一橹，向着九九太极拳里的春天划行。太极拳之所以是拳中之王，源自它的理论基础是自然规律。运气十足不行，要十二足甚至更多，发力要留有余地，要有所控制，不能一发不可收拾，要与天地合一。太极是内在的功夫，“十年不出师”，不是一朝一夕就能学成的，练拳没有任何捷径，只有时间加汗水循环往复地坚持下来，拳才能有成。太极拳作为东方体育文化的瑰宝，蕴含着丰富的哲理。太极文化是中华传统经典文化，可以指引言行，所以要“读万卷书，行万里路，听万人言，打万遍拳”。

传拳养生赠与九九太极

多年来，黄裕盛在台湾积极推进太极拳发展。他常常率领太极拳团队参加各种比赛，希望通过这种方式来扩大太极拳的影响。世界杯太极拳锦标赛每两年在台湾地区举办一次，以“运动 99 健康永久”为主题的那一届最为隆重，有来自全球 25 个国家和地区的 244 支代表队 5000 多名太极拳高手参加，在为期两天的比赛中进行散打、套路、推手等项目的角逐。

黄裕盛对太极拳有自己深刻的理解，他认为，太极拳是中华文化的精髓，太极拳注重理论与实际相结合，以太极理论指导拳法，其中蕴含着中华传统文化提倡的阴阳结合、柔刚互补之理，是精神与经验的双重文化传承。太极拳分为老架及炮捶，老架柔中有刚，炮捶刚中有柔，符合太极阴中有阳、阳中有阴之理，并融合了道家思想理论及中医经络的学问。

九九太极拳创立是在杨氏太极拳和形意拳的基础上融合了所有拳法之后的结果，习练这种拳法对人体特别有益，甚至有人说它是养生之拳，因此特别受台湾当地民众的欢迎。学太极拳是由柔致刚，再由刚化柔的过程，习练九九太极拳更是如此，其动作编排既含有吴、陈、杨氏三家的动作，又兼收岳氏散手、形意拳与八卦掌的动作，每一个招式动作中，需要配合太极要诀，打出寸劲，兼顾化和发。九九式太极在习练的时候需要连合成一势，同时合一为中定势，在体用上俱是由此变化。在教拳的过程中，黄裕盛会教学员习练吐纳和延水。延水侧重吸气，可以养人的五脏六腑；汲水侧重呼气，关乎寿命线，如果长期习练，对身体肯定有好处。黄裕盛教拳也有自己的坚持，他坚持原法原味地将老师教给自己的拳术传授下去而不做任何改动。在他看来，既然前辈创造出这种拳法，那么一定会有其中的奥妙，如果对其进行修改，可能会破坏掉其中的精髓，而且这一整套拳法打下来基本上就是 15 分钟，也不会很累。一片星空，保持着那个仰望的姿势，这是习武人的手，轻轻的拍了拍我们的肩膀，我们仰望这个力

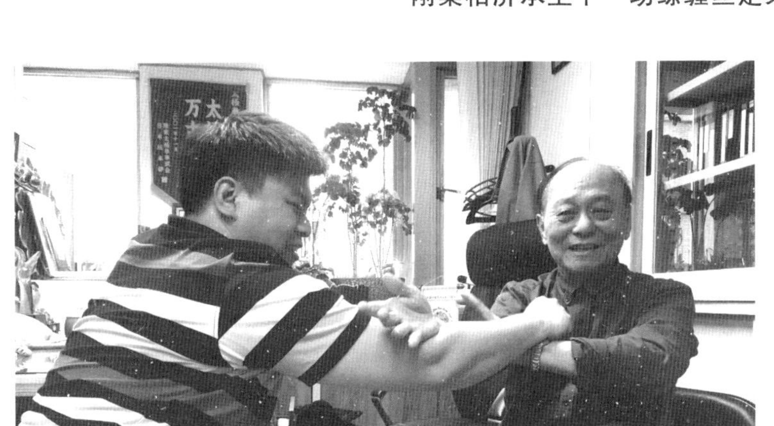

黄裕盛讲解武术技法

量，心里充满硬朗的温存。哲学家的价值判断和行为取舍是——是与非，政治家的价值判断和行为取舍是——利与害，历史家的价值判断和行为取舍是——真与伪，艺术家的价值判断和行为取舍是——美与丑，将这一切以综合平衡而达到相对的和谐统一，那是超拔尘凡。黄裕盛是超拔尘凡的，在教授武术的过程中是相当严格的，他觉得武术是中华传统的精髓，自己身负传承的责任，尤其是自己的家人那就更为严格了，在教授他们的过程中，黄裕盛对每一个招式都严格要求，有时候别人都可以习练下一个动作了，他还会让家人来重复做上一个动作，直到达到满意为止。在这样习练的过程中，每个和他学习武术的人都能够习练扎实，功夫基础打得很好。对于武术的推广，黄裕盛有着自己独到的见解。他认为年轻人习练武术就要严格要求，那是希望他们打牢基础，能够真正学有所成，但武术要推广，就要针对不同的人有不同要求，对于老年人习练武术，尤其是习练太极拳来讲，就应当讲求强身健体，适可而止。只有将武术推广到大众中，武术才能求得生存。马丁·路德·金的《我有一个梦》："我梦想有一天，深谷弥合，高山夷平，歧路化坦途，曲径成通衢，上帝的光华再现，普天下生灵共谒。"让自己"活得更有梦想、更有尊严、更有力量"。头脑的清晰、内心的平衡、人格的健全、立场的坚定四大法则成为参透人生的精神食粮；林语堂对苏东坡的有过这样的描述："他同时拥有蛇的智慧和鸽子的温文"；林语堂说，同时具备这两种特质的人物非常罕见；对于武术的传承，黄裕盛就具备这两种特质，时刻不忘自己的责任，除了来往于祖国大陆和台湾之外，他还坚持每天上午定点到固定的武术教练场教授大众武术。他希望在接下来的时光中，把武术的精华化为柔软的运动。让大众通过健身的方式了解武术，接触武术。同时，在习练的过程中加强自己的修养。

传习相济已然责无旁贷

武术源于中国，而中国的武术又基本上集中在祖国大陆。黄裕盛认为真正的武术根基在祖国大陆，他觉得要想在武术方面有所造诣，就要去大陆学习，请教大陆的武术家们才能达到圆满。

黄裕盛对台湾目前武术传承现状比较担忧，他觉得民国时期传到台湾的武术到现在为止，在发扬方面远远不够，"民国时期，政府为了发展功夫，在当时的南京建立了'国术馆'，聚集了很多武术大师，全国形成了一股学习功夫的热潮。而今天的台湾，官方对功夫的扶持力度很小，现在的功夫传承主要靠会功夫的个人来做，力量太小了"，黄裕盛说，"祖国大陆提倡弘扬中华文化，对武术的扶持力度大。祖国大陆地方大，武术家也多，听之前来台湾的吴彬老师说，北京聚集了很多武术大师，大家都很谦和。除了北京，祖国大陆还有很多地方都有武术家，这才是武术的根本。"黄裕盛的感慨是很有道理的。大陆近几年对武术的重视程度逐步加强，尤其是对武术的扶持力度不断的增强，现在已经将武术纳入了学校教程。因此，武术在大陆得以长足发展。作为同样具有武术情怀的黄裕盛，在几年前就来到祖国大陆交流武术。陈家沟是太极拳的发源地，在 1991 年的时候他便率领台湾地区的太极拳总会来到北京，并专程抽时间来到河南陈家沟寻根拜祖。他的到来受到了陈家沟当地群众的热烈欢迎。在陈家沟祠堂王廷塑像前，陈家沟太极拳推广中心赠送给他一块书有"刚柔相济功练缠丝"的金字牌匾。这一幕深深刻在了他的脑海中。至今，这幅牌匾还一直悬挂在他家中的正中堂上。他早晨起床的时候可以抬眼看看它，回忆起当年的情形。因此，他每每同人讲起就会说：“习练功夫的人一定要到祖国大陆去，那里才是功夫的真正根源。”在黄裕盛的心中，武术作为中华传统文化的精髓，一定要传承下去，这是整个中华民族的共同任务。

落红成章，正是由于有这个意识，近几年来随着两岸互动交流频繁，包括太极拳方面的交流不断增多，使得太极拳在台湾地区发生了十分明显的变化。太极拳赛事和太极拳民间组织纷纷起来，带动了台湾地区的武术发展。黄裕盛作为太极拳总会的理事长，每年都会组织很多太极拳方面的比赛，希望通过比赛的方式让更多的人加入学习功夫的行列。同时，他还组织专门人员对教授太极拳等方面的教练进行培训，方便他们更好地传授功夫。这个组织的成立还为很多民间的团体发展提供了很好的平台，让他们能够在这样的环境下进行发展和创新。

太极拳含有中华传统文化中固有的文化特色和独特的学术研究价值，他兼备体育、舞蹈艺术和防身的技术，必须也应该代代传承与推广。在这方面，黄裕盛做了很多工作，最重要的是，他调动了家人对太极拳的学习热情，家里很多小辈人都是习练武术的好苗子。黄裕盛始终认为，年轻人

黄裕盛（居中）与大陆武术交流团合影

才是武术继承和发展的明天和希望，努力发展和培养这些具有武术习练天赋的孩子们很关键。“当然，习练武术也要具备一定的条件，首先要喜爱，其次需要先天条件允许习练。最后则需要耐心和恒心去坚持；如果同时具备这些条件，并且家庭条件也较好的，则更加完美，毕竟也有‘穷文富武’的说法。”黄裕盛说。

山坡上，山坳里，房前，屋后，流水旁，每一朵梨花都像一颗素朴的心，每一朵梨花是一首唯美自然的抒情诗，又见梨花绽放，就是又读一回唐诗、宋词、元曲，天空，一尘不染，依旧是人间的好颜色，依旧是一盏灯照亮岁月中永不衰老的真情，今日的武术传承仅仅靠个人是走不远的，需要两岸共同努力和共同奋斗才能够将源于中国的武术传承下去，走出国门，走向世界，让更多的人通过武术来了解中国，了解中国的传统文化。这不单单是黄裕盛的希望，更是所有习武者的共同情结。一个没有人格的文章就像一台电脑仅有硬件没有软件，那有什么意义；我们都知道，文学作品是一门艺术，但作家的笔下，已然是他本人精神与品格的内化和外化的总和；气质性格、美学情趣、文化素养都能融汇其中；世界亦如此，不都是实的，也不都是虚的，实中有虚，虚中有实，虚实相映，虚实统一，是一种亦真亦幻、美仑美奂的境界，境界是格调是品位也是一种素质，刚刚写完的这篇《刚柔相济承上下　功练缠丝走天涯——台湾地区武术传承人黄裕盛》的境界，愿读到它的人，从字里行间读出：真是基础，美是终极，善是过程。

鲁州武魂　志存高远

——台湾八极拳名家蒋志太跨越海峡两岸的武术生涯

◎陈　涛　林学敏

青年时期蒋志太

少小离家老大回，乡音无改鬓毛衰。

儿童相见不相识，笑问客从何处来。

上面的七言绝句是贺知章回乡之后触景生情而作，没想到这首诗穿越了千年之后又重新演绎在了台湾八极拳名家蒋志太身上；最美好的，一直就在路上，最纯净的，一直就在心上，最珍贵的，一直就在身旁；蒋志太原籍山东省安邱，1929 年出生在青岛，毕业于陆军参大，因历史原因，去台后和大陆遥海相望几十年。他是八极拳名师刘云樵的军系弟子，精通八极拳、杨氏太极拳、太极刀、杨门短棍，曾任台湾太极拳总会副理事长，新北市太极拳协会理事长，新北市武术委员会主任委员，台湾武术竞技协会副理事长（武术六段、太极拳九段）。浩瀚宇宙，天地之间，一片碧绿灿烂，他的武术生涯得从他的幼年说起。

兴致所向　因武从军

持我兴来趣，采菊行向寻。蒋志太习练武术的缘由就是兴趣。20 世纪

30年代的青岛可能受了义和团的影响，到处都是可供人们习练拳法的拳房。当时的中国适逢乱世，吃饱穿暖尚为难题，娱乐项目基本天方夜谭。无论对于大人还是孩子来说，到拳房习练拳法都是他们唯一的“娱乐”。在这种环境的熏陶下，蒋志太从小就能接触到武术，刚开始只是踮着小脚看热闹，渐渐地能够跟着大人们比画几下。时间长了就比画出了感觉，就直接进入拳房和大人们一起习练。“我开始练拳的时候根本就没有师父教授，就是在狭小的拳房里跟着大家伙儿习练弹腿功之类的武术。”蒋志太回忆到，从这个89岁老人的眼神中能感受到他那时习练武术的热情和淳朴。他的家乡坐落在山东潍坊安邱市。因此每当回忆起这些的时候总能勾起他对故乡的深深眷恋。“我出来的时候是最小的，可如今我回去的时候是最大的。当年比我大一些的朋友都去世了，我好怀念那时候啊。”老人说到这里的时候明显地哽咽了，不能不让人动容！

万事能成皆有起源，如果单是兴趣，相信随着年龄的变化也许有一天就会慢慢消失掉。蒋志太习练武术也是一样。但那时正处在日军侵华阶段，“七·七”事变后，大批的日本人涌入青岛，住在了蒋志太家附近。日本人自然瞧不起甚至贬低中国人。他们在当地开设日本学校，教中国人日语，妄图从精神上奴役中国人，企图瓦解对他们的抵抗。当时的蒋志太就在这种日式学校就读，一个日本学生的欺辱激起了他内心世界的反抗，他就苦练摔跤，希望能打倒这个狂妄的日本学生。最终他真的赢了那个日本学生。从此，他便开始注重习练，很少间断。

1946年，蒋志太带着满身力气在青岛从军，可没想到一入军门深似海。当时军事训练非常严格，体操、打拳、铁杠、木马等样样不落后。由于他从小接触武术，习练武术，即便是严格的军队训练也没能让他屈服。加上他天生的一个好脑瓜儿，记忆力非常强，所以他很轻松通过了各种严格考核，顺利进入二等兵行列。那时的军队所在地天气寒冷，又没有太多的取暖设备，条件相当差，但就是在这种环境下，蒋志太仍旧坚持习练武术，为今后武术能力的提升做好了充分的储备。后来，在他的努力奋斗下，又在部队经过严格的训练，他以优异的成绩成为一等兵。后来，当时的国民政府将济南、青岛的三个精兵结业团合并到南京集中训练。蒋志太不负众望，以优异的成绩通过考核，顺利当上了班长。每当回忆起这段时光时，他都是满满的自豪："考试有笔试和实战，但是我每次都能拿第一！现在好多那时候我记诵的东西我还能够一一讲出来的。"由于他的努力和对武术的喜爱，让他顺利通过了各种考试。加入到军队的行列，他从来没忘记习练武术，默默地将武术融进了平时的训练当中，也正是能够在部队环境里的习练、打磨，最后渐渐让他成为了一名优秀的武术家。

军中自律　内修外练

男儿当自强！经过自己不断地奋斗和努力，蒋志太从众人中脱颖而出，考上了部队中的班长。之后他又被派往无锡惠山的蒋氏宗祠旁边进行集训。这种集训是非常严苛的。蒋志太回忆那段时间的集训仍旧记忆犹新："当时就连喊口令这么简单的事情要求都是相当严苛的，我们当班长每天都要喊口令的，为了能让自己的气息更加顺畅，声音更加洪亮，我当时就练习了对气的运用法。我的口令喊的是最响亮的。后来还代表自己的连队进行比赛，得了第一名呢。到现在一大声讲话还能震到别人。"说到这里，他还爽朗的笑了起来，仿佛回到了当年训练时候队伍的要求严苛场景里面。也正是自己从这样的环境里习练出来了，因此在后来的军队生涯中，他对自己的士兵要求也是相当严苛的。到最后自己当太极拳理事长，他还是要求练习拳术的人要站队整齐，十分严格。这些习惯和要求也是从自己的亲身经历中磨练出来的。

1948 年，蒋志太随国民党军队来到台湾继续接受训练，并参加了军事院校体育班。在这个过程中还有一个小插曲。一日，他和一个同事练习摔跤，蒋志太明显感觉到对方前两跤是故意输给自己的，第三跤才显出自己的身手，这深深地吸引了对武术很有感情的蒋志太。于是他觉得摔跤是值得向大众推广的。因此，他就建议这个同事教授大家摔跤，自己也加入其中学习。后来，他又和角力名家潘文斗学摔跤、擒拿及拳术。角力是人们用自身的力量而不借用任何工具去征服自然界的一项活动。从某种意义上说，这是

蒋志太动作照

人类最原始、最早的一项体育活动。它是一项技术和艺术相结合的运动，竞技时不仅需要灵敏的反应，合理动用身体各部分肌肉的力量，而同时还要注意动作的优美和利落，要给人以一种美的享受。这些都是深深吸引蒋志太学习角力的原因，通过跟随潘文斗的学习，蒋志太的角力技艺增进很快。

由于蒋志太从小习练武术，又在军队中磨练多年，因此他的基本功极为扎实。凭借稳扎的基本功，1963 年被武术名家刘云樵看中，开始习练八极拳、陈氏太极拳。刘云樵的武术精深，家中世代书香传家，五岁起便由家中仆人张耀廷教导他迷踪拳，八岁时，父亲刘保沂邀请八极拳名家“神枪”李书文，到府教拳。李书文教拳认真严格，刘云樵经常因此受伤，但也打下了他在八极拳及劈挂掌上的深厚功力基础。刘云樵 20 岁时，连连挫败数名武师，得到“小霸王”的称号。1931 年，李书文应李景林的邀请，到山东国术馆担任总教习，刘云樵随行。此后加入情报单位，多次深入敌后进行暗杀，曾经有传言认为他即传说中的“天字第一号”“长江一号”。跟这样的师父习练武术，对蒋志太来说是一次质的飞跃。随着时间的推移，蒋志太的武术功力水平比以前有了很大进步。

在习练武术的过程中，不单单要提升武术技能，更要紧的是内外兼修。外功有打沙袋，负重、举重，卧撑等修习方法，市面上一般的铁砂掌，硬气功等修炼方法严格地讲只能算是外功。外功只要勤勉，加上自己的悟性，一般情况下都能得到提升，只是看习练的时间多少。但武术的习练不光靠外功，更需要有内功的修炼。先练外功，再修内功，实属不易，需要人有定力及耐性。如果先修内功，然后再习外功，会比较容易些。但如果内外兼修一定会达到意想不到的效果。因此无论是蒋志太自己习练还是和师父习练武功，他都提倡内外兼修，才能起到技艺精进、强身健体的功效。

太极再拜师　习武需修身

时间如流水，岁月如穿梭。人间最宝贵的莫过于时间，如果在生命的长河中能够将自己的时间充分利用，那么生命的宽度就会增加。蒋志太就是这样的一个人。他一生奉献军旅，共计服役36年。自己到了退役的年纪，还在孜孜不倦地追求自己挚爱的武术。退役之前，他对杨门太极的81式和108式进行研究，还出过一本书。退伍之时恰巧又赶上太极拳家全民运动。那是个人人都可以打拳的年代，于是蒋志太又参加了习练太极拳的行列。并最终到台湾教练训练班深造，毕业以后他便开始了教练生涯。在教授学生的过程中，他为了让自己的学员能够学习到真的功夫，加上自己的从军经验，他对学员的要求也是相当严格的。有时候往往一个动作就让学员们习练很长一段时间，这些都是他希望学员记住的：练功底子要厚，心浮不能学到真东西！

也就是在这段时间里，他结识了太极大师章文明。两人因为武术结缘，自然感情很好。并且常常相约到周围的山上习练太极，但由于蒋志太习练的是陈氏太极拳，章文明习练的是杨氏太极拳，干脆蒋志太就拜章文明为师，开始学习杨氏太极拳、器械及推手，数十年练功，寒暑不辍。“当时老师很照顾我，我们里面的教练都是他的学生”。蒋志太回忆到。他同时对武术理论记忆很好，至今还能回忆起自己当年所记：“练拳需明理，理通拳法精”，“以心行气，以意导气，以气运身”，练拳没有理论基础是不行的。定式的、斜式的拳术，就是太极拳的阴阳虚实。他的理论加上章文明前辈的悉心指教，使得蒋志太的太极拳法日臻熟练。

后来，在台湾成立了太极拳训练班，蒋志太是第二期的学员长。这个训练班一期4个月，训练期满之后，计入师资班，结业之后就开始教学生。蒋志太于1983年担任台北县太极拳协会常务理事及训练组组长，成立太

蒋志太先生收藏的各种武术典籍

极拳教练训练班，致力于太极拳推广教学。在教学的过程中，那些大纲都是他亲自所写，然后自己再用复印纸印刷。训练班第四期时，他还是训练组的副组长，做他大师兄的副手。虽然训练班只有四期，但在这之后，台湾各县市就开始发展太极拳，分别成立太极拳协会。

退休之后的蒋志太致力于对太极拳的推广和发展，直到现在仍旧在坚持。他用自己的方式来回报社会。除了自己所修的武德告诉他应该这样做之外，他还有一段经历，教会了他要懂得感恩，帮助他人。他在军队集训期间曾经得过一场肺病，正是由于自己的山东老乡悉心照料自己，时不时给他送些维他命等补给让他的肺病得以痊愈，他也才能回到军队中继续服役。再后来，随着经历的增多，蒋志太越来越认为做人要有善心，能帮助别人的时候就帮助别人。如果心怀感恩，常思报答之心，人自然就会坦荡，最后也必将长寿。长寿就是自己过去积善行德的结果。他坚信好心就会有好报。因此他从不占别人便宜，他相信善因有善果，也是因为这样，到后来他的名誉官职都一点点升上来了。因此，在他退休之后，他仍旧坚持教授别人太极拳，通过这种方式回馈社会，活出自己的精彩！

家国情怀　武传后人

“小时候，乡愁是一枚小小的邮票，我在这头，母亲在那头。长大后，乡愁是一张窄窄的船票，我在这头，亲娘在那头。后来啊，乡愁是一方矮

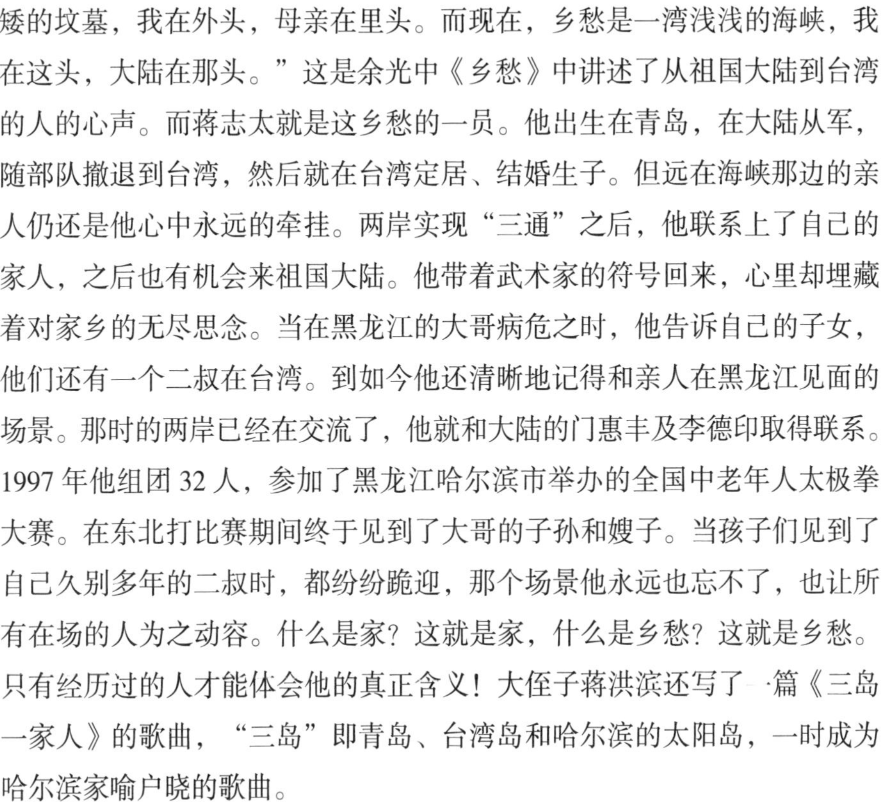

矮的坟墓，我在外头，母亲在里头。而现在，乡愁是一湾浅浅的海峡，我在这头，大陆在那头。”这是余光中《乡愁》中讲述了从祖国大陆到台湾的人的心声。而蒋志太就是这乡愁的一员。他出生在青岛，在大陆从军，随部队撤退到台湾，然后就在台湾定居、结婚生子。但远在海峡那边的亲人仍还是他心中永远的牵挂。两岸实现“三通”之后，他联系上了自己的家人，之后也有机会来祖国大陆。他带着武术家的符号回来，心里却埋藏着对家乡的无尽思念。当在黑龙江的大哥病危之时，他告诉自己的子女，他们还有一个二叔在台湾。到如今他还清晰地记得和亲人在黑龙江见面的场景。那时的两岸已经在交流了，他就和大陆的门惠丰及李德印取得联系。1997 年他组团 32 人，参加了黑龙江哈尔滨市举办的全国中老年人太极拳大赛。在东北打比赛期间终于见到了大哥的子孙和嫂子。当孩子们见到了自己久别多年的二叔时，都纷纷跪迎，那个场景他永远也忘不了，也让所有在场的人为之动容。什么是家？这就是家，什么是乡愁？这就是乡愁。只有经历过的人才能体会他的真正含义！大侄子蒋洪滨还写了一篇《三岛一家人》的歌曲，“三岛”即青岛、台湾岛和哈尔滨的太阳岛，一时成为哈尔滨家喻户晓的歌曲。

在对待武术方面，蒋志太是非常认真的，他希望能够将自己的武术传承下去，因为他认为武术不是属于他的，而是大家的，是中华民族的传统文化，他只是一个承载者，有义务将武术传承给后人。在教授学员的过程中，他的老师给他做了好榜样，因为有同行给章文明提出建议，要武术协会删除其中的几个动作。但是章文明坚决不改，说这是杨门太极拳的独有特色，因此保留了正宗杨氏太极拳的招式。从 1985 年到现在有 32 年了，教授学员的培训班也已经举办了 32 期。蒋志太现在还在坚持做。不为别的，只为守候着自己的那份初衷。

钟表可以回到起点却已不是昨天；日历撕下一页简单，把握一天很难。蒋志太就每天进取着，拼搏着，后来蒋志太就担任了太极拳总会破吉尼斯纪录太极拳活动的总指挥，负责规划和确定位置。因为台北县城认识的人很多，所以他的第一批学生都是台北县城的。太极拳总会要求提供一个场所，小巨蛋体育场比较合适，小巨蛋要求 1 万人以上可以免费。经过蒋志太的努力，最后去的人数达到 14000 人。随着年龄的增长，有些事情自己做不了了，他就让徒弟接班，但如果要学八极拳就单独教授。后来教授的 64 式太极拳主要是为了适应台湾当地的武术竞赛而设，除了新北市，其他地方的人都在习练 64 式，中华太极拳学术发展基金会从开始的台北市已经发展到现在整个台湾岛屿。

自从 1993 年开始，蒋志太便担任台北县太极拳协会理事长，台北县武术委员会主任委员，台湾省太极拳、武术及武术竞技协会常务理事，太极拳总会常务监事及教练与法规委员会主任委员等职。他希望通过自己的努力，把台北县太极拳协会建立成台湾教练最多，会员最多，组织最大的太极拳单位。2002 年他又当选台湾太极拳总会副理事长。2010 年太极拳总会第 9、10 届副理事长届任满后，将八极拳、摔跤、擒拿、太极拳等授生教学及台北县太极拳专任教授，业绩传略加载《当代中国传统武术名人名家辞典》（中华太极人物志）。2011 年第 11、12 届新北市太极拳总会

蒋志太先生在武术领域获得的荣誉

名誉理事长。

春有百花秋有月，夏有凉风冬有雪；蒋志太在军队服役的时候曾经担任过蒋经国的贴身侍卫官十一年，因此他后来又写了两本书：《我在蒋经国身边的日子》及《青岛沙岭庄故事前后集》，通过这两本书能够更加全面地了解他的人生经历。每个人看见的世界大体相同，但是每个人得出的经验与道理却大相径庭，这关系到两点，一是智慧，二是恩慈；生命的崇高和责任联系在一起；蒋志太就是这样的一个人，他身怀武术，深知太极作为中华民族的传统文化需要传承下去，学习武术就不只是自卫防身的能力，而是一项文化传承，提倡武德，不只是把拳脚练好、武术提升。他虽人在台湾却与祖国大陆的武术家们保持着密切联系，常常组织两岸武术交流活动，也教授自己的学生，让他们到国际的大舞台上展示中华武术，让世人明白武术的发源地是中国。相信吧，目光所至一定是心之所往；世界上最动听的话语，不是名人名言也不是诗词歌赋，而是一句“家乡”，它就像是有神奇的魔力，赐予我们力量。这里，才是武术的家乡！

为往圣继绝学

——记宝岛太极先贤鞠鸿宾

◎ 张长念　张长思

郑曼青由台湾迁居美国，在美国教授太极拳，是太极拳在美国早期传播的开拓者之一。但是，对于他在台湾所传弟子，我们仍缺乏深入的认知。然而，随着几位知情人的娓娓道来，海峡彼岸一位拳学贤达鞠鸿宾的武术生涯徐徐展现在我们面前。

众所周知，中国武术第一大门派太极拳各式当中，在世界范围内流传最广者当数杨式太极拳。民国时期，杨式太极拳第三代代表人物杨澄甫以授拳为职业，弟子遍布海内外，其中郑曼青文武兼备，世称诗、书、画、拳、医“五绝老人”。1949 年国民党撤退台湾后，大批武术家随同迁入，其中就有这位自称“郑子”的郑曼青。郑曼青将杨式太极拳精炼为三十七式，在台湾全省广为传布。其中郑曼青最为著名得意的弟子之一鞠鸿宾在以高雄为中心的台湾南部地区对“郑子太极拳”的传承和推广最为扎实活跃。但可惜的是，鞠公及其最为得意得力的弟子王锦士先生均在前不久往生于世。鉴于鞠公对于太极拳事业发展所作贡献之巨，我们仍通过对他几位徒孙及儿子鞠适存等人的采访来追忆这位武林先贤辉煌雄阔的太极人生。

鞠鸿宾先生出生于 1917 年，上海人，军校毕业，曾任排、连、组长、主任等职。据众人介绍，鞠鸿宾先生虽以经营商业为生，但毕生倾注心血于太极拳的研习和发扬。他居于高雄，年轻时前往台北向郑曼青拜师学艺，不畏路途往返颠簸，勤苦钻研，事师如父，尽得郑子真传。据中华国际薪传郑子太极拳总会前总会长陈荣盛、现总会长连杰义、副总会长王南富（皆

采访鞠鸿宾高徒王锦士的弟子陈荣盛先生（右）

为王锦士高足）介绍，鞠师贯以郑子所教导的“善与人同、达兼天下”为座右铭，倾一生精力钻研郑子武艺，提携后学，不遗余力。鞠适存说，父亲之所以还经营商业，乃是为尽作为父亲和家长的经济责任，如不然，则唯有太极与其相系。其专注拳学如此，让人不由唏嘘赞叹。

习　武

鞠鸿宾青年时期喜好运动，尤其喜爱武术，曾习练少林、形意、八卦，1949 年来到台湾以后，先后随王剑锋、郑雨康、熊养和、田鸿业等习武，后因机缘结识声名显赫的“五绝老人”郑曼青，为其精绝的拳艺和深邃的理教所折服，拜入门下，虔诚求教，由筑基入手，专攻郑曼青所编创之简易三十七式太极拳系列，精研郑子太极拳道及行功心法。

难怪人称台湾为宝岛，由于位居亚热带，一年四季的气候温差不大，对于人体的滋养生息有得天独厚之利。郑子太极拳能在这块肥沃的土地上播种，进而成长壮大，实乃一方水土养育一方人之结果。

“于极尽可能松的状态下，以肢体舒展，迎风翻掌，予以系统地演练着拳架，犹如陆地游泳徜徉于大气中，尤在拳势中捕捉灵感之际，脑海中泛起恩师曼青公耳提面命的理法要诀，以及未来发展的宏观大计，心中更像影视画面般一幕幕地播映出恩师谆谆教诲的情景，恍如昨日。然而白云苍狗，岁月无情，世事变幻莫测。于今哲人已远，再也无法回到从前了。”鞠鸿宾在一篇文章中深情地回忆自己梦境般的习武生涯。

据鞠鸿宾诸徒孙介绍，“鞠太师父”常向他们讲起自己的习武经历。

郑曼青先生教学虽有教无类，但择徒甚为严格，尤其施教非常严谨。不论是拳架，抑或是推手，都要从基础着手，按照进程之阶，循序渐进。郑曼青教拳还有一个特点，就是常以经论歌诀及老子学说作为教材依据。他将其一生经验和心得“平正均匀，松静沉柔，轻灵圆活整”等要诀列为太极拳体用的主要诉求，尤将“松沉”列为要领之首。郑师教拳务求姿势正确，拳理技法尤须落实，并重视人格品德修养及生活规范等人文教育。他希望弟子们能养成“谦恭礼让”的美德，以达到术德双修的目的。鞠鸿宾随师习拳、聆听教诲近 20 年之久。数十年来，从学到教之过程，他深深体悟到太极拳的可贵，尤其认识到太极拳之松更可贵。如果说“松”是太极拳的灵魂或称之为太极拳要领之钥，一点也不为过。因体用功能要诀，都必须通过松的这一关卡，拳艺技法境界才能突破而升华。否则，一切都落虚空。所以，杨家数代，从杨健侯以至杨澄甫都特别提示：“要松、要松、要松，不松是挨打的架子。”尤其到了郑曼青先生，对松的要求更严。不仅练拳架要松，练推手更要放松，而且要松透，松得干干净净，无一丝一毫僵硬之处存在，才算是真松。鞠鸿宾常说，说松容易，而练到真松的境界，实在太难了。

鞠鸿宾初入师门时，郑曼青见他练拳，即说：不松。要他放松练，切不可用力。鞠鸿宾当时听了，以直觉的想法，以往习练的拳种，也都在讲“松”，且与人印证也没输给别人。这可能是老师的境界太高，对松的要求太严，评语也自然有差异了。但这种想法，他始终未敢在老师面前说出。后来与老师推手，未料一经接触，两手臂就被卡住，既不能前进也不能后退，全身犹如为磁电所吸引，动弹不得，有时本能地稍微一动，即被震出，两足腾空飞起，撞到后背之墙壁，使他从后心痛到前心，几乎落泪。最纳闷的是每被发出的时候他竟然毫无感觉，更不知被何种手法所击。由于经过实际体验，尝到了不松的滋味，也吃尽了苦头，自然茅塞大开，对要求放松和用意不用力之说不在存疑了。鞠鸿宾于是下定决心，放弃其他拳种专攻三十七式简架系列。从基础着手，由桩步开始，进而拳架、推手，按照进程，循序渐进。他还给自己做了规划，三年为一梯次，加强练习。以每天早晚各练两小时为基准，风雨无阻，从不间断。自觉松沉功夫每天都有进步，这期间所流的汗水和消耗的体力也是不少。尤其每次由老师处返回时，两腿酸痛不能攀登楼梯，需要三天才能复原，然而练拳每日早晚照常，绝不马虎。虽然各地的武林同道都嘉许连连，说他已经得到松字诀了，可是到了台北老师处一经接手，全身动弹不得之惨景依然如故。而老师的训示还是那一句“不松啊”，使他满怀的信心突然消失了。鞠鸿宾认为自己肯定是天资太低，于是恨铁不成钢，致使信心丧失殆尽，几乎到了放弃的边缘。后经冷静思考，回想起推手之惨景，除老师以外，有此能耐者尚未遇第二人也。因而重拾起继续习练的信心和勇气。所以又不得不重新自我规划，其结果却又都归于失败——依然是不松，使老师不能满意。老师在逝世的前三天还说：“鸿宾，你还是不松啊。”当时鞠鸿宾听了感到万

采访鞠鸿宾高徒王锦士的弟子连杰义先生（右）

分地伤心，泪水盈眶欲滴，忍不住向恩师坦陈：我已从习十几近二十年了，并且每天早晚专心练习，从未停歇，至今仍然不松，其中一定有秘诀老师不肯教出来，以致不能突破松之一关。老师微微笑着说："你的功夫确实有进步了，可是你老师的功夫也在进步——因为我也没有停歇不练啊。而松，是无止境的。至于秘诀，如果太极拳真有秘诀的话，澄甫公练功只要看看秘诀就可以了，何必要关起门来足不出户苦练五年呢？再说，倘若我有秘诀，难道不给你师弟妹们吗？你常和他们推手，这不是最好的证明吗？倘若太极拳真有秘诀的话，其理论歌诀技艺用法就是。不过要继续不断地研究与实践，还要痛下功夫苦练，这样才有所得。"经老师的分析，他恍然大悟，不再迷思所谓秘诀之说了。

鞠鸿宾自认为不如师父郑曼青公那么多才，于是心无旁骛，全身心专注于太极拳的研习，如痴若狂，拳艺进步飞快，不仅成为高雄乃至台湾南部地区太极拳的口碑，还成了郑曼青门下的佼佼者，成为闻名全台湾的武林名达。

教　武

鞠鸿宾深知教学相长的道理，同时也是为了培养后学和接班人，故而长期在高雄市爱河畔、前金国小與扶轮公园乃至于全台各地教授太极拳。他有教无类，耐心细致，从学者甚众。他教学时不仅注重基本功，注重太极拳理的传达和阐释，更重视精神的传承，于是教出了多位功艺精湛，成就斐然的弟子，王锦士便是其中的一位。王锦士在 1969 年拜鞠鸿宾为师学习太极拳，功夫精进，1974 年参加中华国际国术总会举办的第一届海内外国际推手对抗赛，先获取六级组中乙组冠军，再参加六级组冠军不分量级总决赛，荣获总冠军。当时正值郑曼青自美国返回台湾治学，应大会邀请参观拳赛，赛后鞠鸿宾推荐王锦士认识郑曼青宗师，得入郑师门下学艺，在郑子太极拳的功架、心法要领、推手及处世待人之道方面获益，太极修为更进入了新的境界。

在王锦士的成就途中，鞠老师付出了艰辛的劳动。这从王锦士的一段

经历可以看出：

就在王锦士功夫大进，收获大成之际，他在一次摩托车骑行时发生事故，受伤严重。后经抢救，虽身体保住，但命运极为捉弄人，王锦士发生了失忆状况，把多年来用无数个日日夜夜和如雨挥洒的汗水换来的太极拳给忘得干干净净。他极度地沮丧、悲伤、愤恨，堂堂七尺男儿常常泪洒满襟。他一再地努力回忆，可是学过的东西成为一片空白，像被橡皮擦擦掉了一样。他彻底地绝望，太痛苦，太无奈了。最终，他要放弃。但是，有个人不愿意放弃，他要用加倍的付出和爱心为王锦士找回功夫，找回信心。他就是鞠鸿宾老师。鞠老师像教一个什么都不会的孩子一样，手把手，一招一式，一点一滴地把王锦士又教成了一名太极高手，其间的辛劳常人无法想象。所以，王锦士对鞠老师的拳艺传承极为严谨。有一次，有人告诉鞠老师说，王锦士任意篡改鞠老师的拳架动作，且到处教授宣扬。鞠老师不相信，但经不住该人反复进言。于是"组织"了一次"教学比赛"，让诸位弟子现场教学演示，看究竟众弟子的传承如何。结果，王锦士的示范最为"忠于"鞠老师的传授。于是，大家都对王锦士更为敬佩了。

在教学当中，鞠鸿宾特别重视拳理的解释，特别是对于松的要求。他认为自己反复不得要领，好不容易学到的东西，也一定要弟子们真正地学到身上来。为了让拳架能够易于被学生们掌握而不至于"变形"，他自己出钱，到专业的摄影棚里将拳势摄录下来，包括拳械套路、推手等所有郑曼青师父所传授的内容。不仅如此，他还将拳势进行细致地讲解。由于家乡口音重，恐怕外地的学生不能听懂，他还花了大量的时间请人帮忙给录影配上字幕。他举行的精进班教学过程也进行了录像，以供不能到场的弟子们传习交流。

鞠鸿宾严谨的教学方式深深地影响着后学们。他的高徒王锦士带领着自己的徒弟们制定了教学进阶的五级体系，英文简称 SMART。据王锦士的徒弟、现任中华国际薪传郑子太极拳总会会长连杰义介绍，这个 SMART 的体系有三种含义：第一，是对习练郑子太极拳水平的界定。此时 S 代表 Starter，即初级水平的习练者，能够独立打完三十七式郑子简易太极拳即

采访鞠鸿宾高徒王锦士的弟子王南富先生（右）

可获得此评价。M 代表 Media，即中级水平的习练者，这就需要具备一定的水准了，需要知道太极拳的习练要领，增加对太极剑、推手的掌握。因为对于太极拳的修炼来说，讲究拳架为体，推手为用，因此，中级水平者需要体用兼备。并且还要有兵器作为一个放大镜来查验习练者的正误之处，鉴别习练者有无体悟，是否真正地明白了拳理。初中级约占全体习练者的 90% 左右，是郑子太极拳的基本练习人群。A 代表 Advanced，即高级水平的习练者，是传播教授郑子太极拳的中坚力量，是“老师级”的传习者。达到这个水平的目前仅有 25 人，他们组成了“高级教评委员会”。该会每个月要聚在一起研讨，互相批评指正，气氛效果都非常好。当我们问大家都是高级教练了，为什么还要经常“改拳”呢？连会长解释说，这是因为“鞠太老师”传下来的严格要求。鞠老师生前经常说：太极拳还有一个名字，叫做“改错拳”，要时常互相交流，切磋改进，否则就会僵化固化，走进错误的死胡同。对于 SMART 的第二种含义，连会长解释说，S 是 Systematic，即教学习练要系统化，循序渐进，不要想一口吃个胖子。M 是 Measurable，即所有的动作都是可以检验的。A 是 Achievable，即设定的目标都是可以达到的，不是好高骛远，不切实际的。R 是 Repeatable，即所有的功夫都是可复制的，不是昙花一现、不可捉摸的。T 是 Teachable，所

有的内容都是可以教给别人的，不是某人所特有的。第三种含义，是从武德的角度来规定的，及 A 是 Appreciative，R 是 Respect，即告诫传习者不要看低任何人、任何其他拳派，要学会尊重。M 是 Mentoring，S 是 Share，T 是 Teamwork，即倡导互相学习交流，共同努力，共同进步。

弘 武

除了潜心习练研究太极拳，孜孜不倦地传授太极拳，鞠鸿宾更是竭尽所能地通过各种途径弘扬太极拳。

鞠鸿宾于 1956 年襄助成立中美经济文化协会太极拳研究会，任委员会委员，1966 年成立“中国太极拳研究会”（现为中华民国太极拳协会），为发起人之一。1968 年成立高雄市太极拳支会（现为高雄市太极拳协会），系高雄市体育会太极拳委员会之创办人。1998 年成立财团法人郑子太极拳发展基金会，任名誉董事长兼财务主任委员。历任太极拳总会教练委员会副主任委员、主任教练、选训委员会主任委员，南训中心主任兼教授及第五、六、七、八、九届理事，常务理事副理事长，国际联盟太极拳总会副理事长等职。1974 年任太极拳国际赛裁判长、1995 年、1996 年担任台湾区运动会太极拳审判委员会主任委员。

进军区运会一直是鞠鸿宾的心愿，适逢 1995 年区运会在高雄举行，他自然不愿放弃这难得的机会，于是积极向主办单位争取，几经洽商沟通，终于圆满获得主办单位同意，准予将郑子太极拳三十七式列入区运会竞赛种类，拳架分男子组、女子组，和推手同列为种类中的项目，现全民运动会仍采用施行，从而为太极拳在宝岛的发展史开创了新的一页。然而，鞠鸿宾并没有就此满足，他的目标还有亚运和奥运，让全亚洲的人都来学习太极拳，让全世界的人来参加太极拳赛，使太极拳成为世界化的运动项目。

为推行工作积极培育教练人才，鞠鸿宾主持定期举办进修班、研究班、师资班等班次。后来因为体育总会实施教练证照制度化，他在总会的任命下接办南训中心，先后办理县市、省市级教练及县市、省市级裁判等讲习，造就很多优秀选手、教练及裁判人才。

为贯彻拳理，将郑子太极拳技法施教落实，以期能够永续发展成长，加之纪念郑曼青宗师终其一生发展太极拳，促进人类健康牺牲奉献之精神，鞠鸿宾倾力积极奔走筹募，于1998年获得批准成立“财团法人郑子太极拳发展基金会”，作为发扬光大郑子太极拳之基础。同时另筹募资金购置高雄市明华路255号3层，作为郑曼青纪念馆。基金会发展的目标是发扬光大郑曼青宗师“善与人同”的精神，落实推广太极拳运动；经常举办各种集训，率教练团至各县市巡回教学，并举办一年一次全国性的郑子太极拳友研习联谊活动，以提升拳友们的拳艺品质。

但凡有利于太极拳弘扬的事情，鞠鸿宾都竭力给与支持。因此，只要有学生开馆授徒了，他都要在百忙之中赶到现场，不顾年高，亲自下场表演，以示支持。

由于时代进步资讯发达，为了使郑子太极拳能够陆续进入国际，让全世界的人们都能享受到太极拳的健康长寿之益。鞠鸿宾应欧美各国以及亚洲国家邀请前往授拳。许多国家太极拳爱好者也组团来台受教，络绎不绝。许多学员学成后回国后，分别筹组成立郑子太极拳会，设班传授，广为推展郑子太极拳。尤其欧洲地区，发展迅速，已将郑子太极拳套路暨推手列为国际锦标赛，每两年举办一次，由欧洲联盟瞩各国轮流举办。第一届于

采访鞠鸿宾之子鞠适存先生（右）

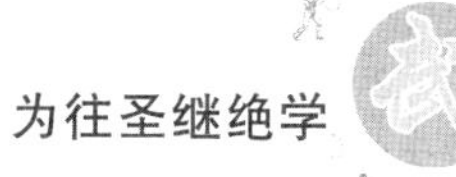

2002年6月在法国举办，参赛国和地区计有日本、韩国、马来西亚、新加坡、澳洲、美国、英国、意大利、荷兰、德国、中国台湾等。鞠鸿宾亲自率队前往参赛。竞赛场面雄伟壮观，秩序良好，热闹非凡。

为郑子太极拳能够广为传播，鞠鸿宾曾先后组团出访大陆，赴上海、北京、太原、西安、四川等地与各地名家交流。并赴武当山、少林寺、黄山、五台山等地访问，交流中国固有武学之精华，增进了两岸人民对传统文化的认知和彼此之间的情谊。

为了让残障人士也能享受到太极拳带来的益处，鞠鸿宾创编了“轮椅太极拳”，让残障人士得到了“全身按摩”的功效，受到他们的欢迎和感戴。

由于鞠鸿宾为弘扬传统文化作出了突出的贡献，2003年，他当选全球中华文化薪传奖。这是为全球弘扬中华文化作出杰出贡献人物颁发的荣誉，非常受人瞩目和推崇。可以说，鞠鸿宾先生当之无愧。

另外，由于数十年来献身武术体坛，矢志不渝，荣获太极拳功夫最高段九段及各种奖励，最高计有台湾中华体育运动有关机构颁发教练证书、台湾中华太极拳机构教授以及太极拳甲种奖章三座、高雄市体育奖章二座、高雄市长颁发创办人奖牌一面，美国国际武术赛优胜奖状一张，韩国国际武术赛奖章一座，法国郑子太极拳联盟会荣誉奖牌一座，高雄市长颁发荣誉奖一座等。凡此与太极拳有关的奖项，鞠鸿宾都备感光荣。

嗜　武

当问及鞠鸿宾何以能够作出如此成就时，他的众徒孙们都充满敬意地说：“他太热爱太极拳了！”而他的儿子鞠适存则说得更加直接：“其实，他真的就是一个武痴。”从众人的介绍中，我们得知，鞠鸿宾对太极拳的痴迷程度非常人所能够想象。鞠适存说：“父亲经常说，我做企业只是为了完成作为一个父亲和家长的经济责任，否则我只有太极拳，其他的跟我没有关系。”言下之意，若不是为了养家糊口，他连经商的一点时间也会

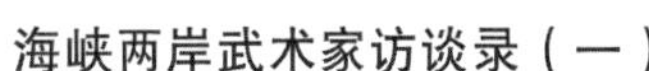

用在太极拳上。而实际上，据他的诸位徒孙介绍，鞠老师的公司其实是一家颇为知名的糖加工企业，一直以来风行台湾乃至后来销往大陆的方糖，主要就是鞠先生的企业生产的。但是，鞠先生除了前期较为用心地经营，之后就几乎完全放手给了几位管理人员，他自己则潜心于太极拳的修炼、教学和传扬。

几近痴迷的嗜好太极拳，为太极拳贡献毕生的鞠鸿宾，也切切实实享受到了太极拳带给他的益处。80 多岁时，他的健康状况并未因年龄增长而衰退，尤其腰腿灵活。曾率团至上海参观世界武术博览会，并去嵩山少林寺访问，顺游华山攀登高峰，饱满的精神和强健的体力不逊于青壮年人。尤值得一提的是，半生的太极拳修炼让鞠鸿宾成功避过了一场车祸的劫难。1968 年 7 月 8 日，鞠鸿宾由台北老师处返回高雄，乘经嘉义转往北港之柴油特快车。该车因受两侧甘蔗田之影响，视线不清，以致于对面来车撞个正着，客运乘客被撞得稀烂，当场死亡 51 人，重伤者 21 人。在鞠鸿宾的座位前后左右之乘客都被撞的血肉横飞，无一幸存。他也被撞得飞出车外三丈多远，却幸免于难。鞠鸿宾常说，他能逃过这一劫数，主要是得益于松沉及正襟危坐、养气守中的太极拳之道，此皆拜恩师曼青公之所赐也。

在鞠适存的记忆中，父亲好像永远都在练拳、教拳、传拳，每天就是太极拳，似乎此外再无别的事。在生命的最后几年里查出患有胃癌，但仍旧拦不了他练拳教拳。“他从来不轻易叫我们回来，后来实在不行了，母亲叫我们回来陪他。他那时已非常痛苦，但一说到太极拳就来劲。由于从小上学，去台北工作，我除了小时候跟他学一点之外，后来就没有再练，所以不会跟他讨论，母亲说父亲一谈到太极拳就会忘了病痛，让我想办法陪他聊太极拳。说实在的，由于父亲一直痴迷太极拳而对我及姐姐没有很多的照顾，我是不太愿意和他说及太极的。但这时候我要说服自己和他聊太极，他果然一听便来了精神，还跟我推手。我真的没有想到，他那么大岁数，还那么体弱，手上还有那么好的功力，一下就将我落空打飞了。我刹那间由对父亲的嗔怪变成了一种愧疚：父亲何尝不是一个了不起的人啊，他为了自己的追求做出如此投入，如此牺牲，练出如此惊人的功力！天下

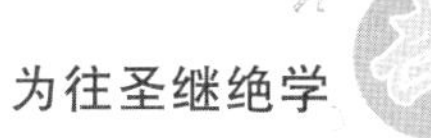

那么多人尊敬他，那么多弟子以他为荣，而我作为他的亲儿子，居然今天才真正地了解他！”说到这时，作为一个企业的领头人，一再坚强地微笑着讲述父亲经历的大男人眼圈红了。

我们前面交待过，迄今为止，鞠适存基本上没有怎么练太极拳。我们从他一身商务休闲的打扮也可以看出他此来并非经过特意准备，反倒像是临时决定前来的。大家显然对此次大陆来客的参访格外重视，鞠适存又是鞠先生之子，理应更加郑重，但他此来为何有貌似不专呢？出于礼节，我们当然不便就此发问，见他有欲言又止之态，好似有什么不太方便的话。我便问他：“请问您还有什么要告诉我们的吗？”他缓缓地说：“不知道有件事当不当说。”我们颇感他欲说还休之事定有些蹊跷之处，便请他勿要顾虑，一定要告诉我们。他说：“是他让我来的。”原来，他觉察出了我们的“狐疑”，但“他”指的是谁呢？“是我父亲。”他说，“是他临时让我来接受你们采访的，所以我也没有怎么好好地准备。”没想到，一场持续三个小时的采访临近收尾之时，鞠适存竟说出如此“骇人听闻”的话来！

原来，鞠适存在日程计划中今天本来有重要商务在身的，但就在一大早，大家还在商量谁来参加大陆来客采访的时候，在客厅墙壁上挂了三四年的鞠鸿宾先生遗像在没有任何外力作用的情况下突然掉落了下来。全家人都感到非常吃惊，事情何以如此巧合，难道是父亲要为正在讨论之事发表什么意见么？他们不敢确定，于是做了件“迷信”的事情：用一个能区分正反面的牌子做了一下“占卜”。如正面朝上就意味着“是”，反面朝上是“否”。于是鞠适存对着父亲的遗像问：“您是要我们去参加采访吗？”牌子扔到空中掉下来是正面。他们似乎明白了父亲的“心意”，又接着问“您是想让妈妈去吗？”回答是“否”，“您是想让我去吗？”回答“是”。

“所以我说是他让我来的。”鞠适存说。冥冥之中，鞠鸿宾先生对太极拳的精神力量果真能穿越物理界，来到我们身边吗？在场的人无论信仰如何，全都宁愿相信这是“真的”。

因为，中华文化雄厚延绵的精神力量无疑是我们共同向往的。

后　记

武术是中华民族的文化瑰宝，数千年来传承不息，京台两岸武术文化交流交往历经时代风云变化发展至今，留下了许许多多值得记忆的感人故事。在北京市体育局和北京市台办领导的重视关怀下，北京武术院与北京海峡两岸民间交流促进会共同商定，组织编写《海峡两岸武术家访谈录（一）》。

2017 年 1 月，在北京武术院召开了编写组成立暨启动工作会议。北京市台办杜德平副主任提出了尊重历史时代背景，颂扬武术人杰轶事，呈现精彩传承风范的编写原则。编写团队根据该原则，在京台两地紧锣密鼓开展编写工作。撰写过程中，黄殿琴女士带领采编团队经过 6 个月在两岸进行专题采访和撰写，生动写实了两岸同根同源、一脉相连的武术历史传承，是“中国梦，梦有根”的真实写照。出版发行之际，北京市体育局杨海滨副局长提出了严谨至上、科学至尊、精准呈现的标准要求，按照这一要求，编写团队与北京体育大学出版社多次沟通，反复修改校订，《海峡两岸武术家访谈录（一）》终于和大家见面了。由于时间和精力关系，我们遴选了京台两地的知名武术家作为第一册采编对象。我们将陆续采访更多海峡两岸为武术文化传承和发展做出重要贡献的知名武术家的人生异彩经历，不断挖掘中华武术文化的传承价值和时代意义。欢迎大家为我们提供素材，共同谱写中华武术的新篇章。

整个采编期间，编委会各位同志付出了大量心血和汗水，在此表示衷心感谢！书中如有不妥之处，敬请读者海涵和批评指正。

编委会

2017 年 10 月 27 日